NOUVELLE GÉNÉRATION

A1

MÉTHODE DE FRANCAIS

LIVRE + CAHIER

Luca Giachino
Carla Baracco
Romain Chrétien (DELF)
Stéphanie Grindatto (Culture)

didier
Français Langue Étrangère

Couverture : Primo&Primo
Mise en page : Séverine Olivier – Marse
Édition : Julien Keurmeur, Marie Lecocq
Iconographes : Maria Mora Fontanilla, Lucie Marmey
Cheffe de studio : Christelle Daubignard
Traduction : Stéphanie Grindatto
Illustrations : Blandine Lelarge (115)
Enregistrements, montage et mixage des audios : Jean-Paul Palmyre – Quali'sons
Montage, habillage sonore, animation, mixage et sous-titrage des vidéos : INIT Éditions Productions

ISBN : 978-2-278-10408-6

Achevé d'imprimer en Italie par LEGO (Lavis) en novembre 2023
Dépôt légal : 10408/04

PAPIER À BASE DE FIBRES CERTIFIÉES

éditions didier s'engagent pour l'environnement en réduisant l'empreinte carbone de leurs livres. Celle de cet exemplaire est de :
850 g éq. CO_2
Rendez-vous sur www.editionsdidier-durable.fr

Mode d'emploi

La méthode ***Nouvelle Génération*** est composée d'un ***livre de l'élève*** et d'un ***cahier d'activités*** en un seul volume. Elle se compose de 6 unités précédées d'une unité initiale de « Bienvenue ». La structure de chaque unité (identique dans le livre et dans le cahier) marque un véritable parcours d'apprentissage.

Je découvre

Dans cette première étape, les dialogues et autres documents vous feront découvrir des situations motivantes. Vous développerez votre **compétence de compréhension** orale et écrite.

Les encadrés ***L'info en +*** développent certains aspects de la civilisation francophone.

Grâce aux activités, aux encadrés ***Observez*** et à la partie ***Grammaire***, vous comprendrez comment fonctionne la langue.

L'INFO EN +

En français, on utilise la forme de politesse ***vous*** entre collègues ou dans les magasins. Si vous hésitez entre *tu* et *vous*, posez la question : *on se dit tu ? **Tutoyer*** c'est quand on utilise *tu*, ***vouvoyer*** c'est quand on utilise *vous*.

GRAMMAIRE

1. Dans le dialogue entre André et Véro, trouvez les mots exprimant une quantité indéterminée : du beurre, ...
2. Cherchez les mots indiquant une quantité précise : un sachet de levure, ...
   Devant le nom, on trouve quoi ? ...
3. Trouvez comment on exprime une quantité nulle (0) ?

→ Les articles partitifs, p. 89

Je fais le point

MOTS ET EXPRESSIONS

Les pages *Mots et expressions* permettent de revenir sur le lexique de l'unité et vous aident à le mémoriser grâce à des documents sonores, à des illustrations et à des activités de réemploi.

Les pages *Grammaire* présentent les règles grammaticales de manière approfondie, avec des exemples, des tableaux récapitulatifs et de nombreux exercices.

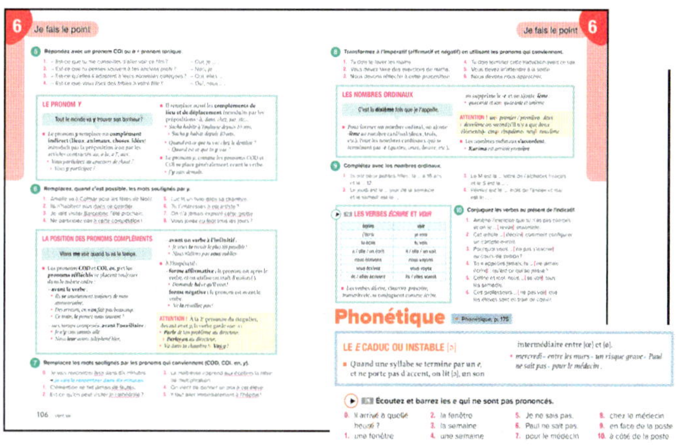

Les encadrés *Phonétique* permettent de découvrir les sons du français et de s'entraîner à l'aide de nombreuses activités d'écoute.

Je m'exprime

Maintenant vous êtes capable de mettre en pratique ce que vous avez appris.

En rappel, pour chaque acte de parole, un choix d'expressions utiles.

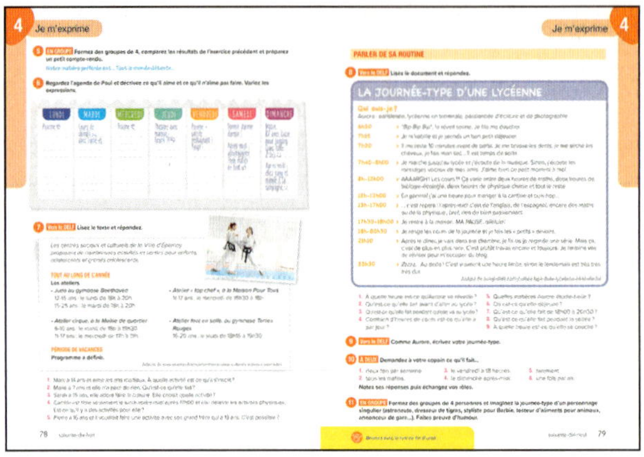

De nombreuses activités guidées vous aideront à vous exprimer oralement et par écrit, et à communiquer de plus en plus librement.

Vous pourrez tester vos acquis grâce aux activités didierfle.app sur votre smartphone ou votre tablette.

Culture

Toutes les deux unités, vous découvrirez des aspects de la société et de la culture des pays francophones.

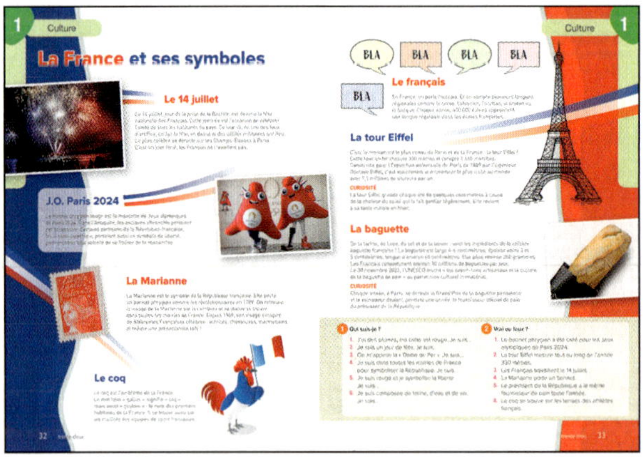

Atelier vidéo

Toutes les deux unités, avec les épisodes de la vidéo ***Coup de cœur***, vous suivrez l'histoire de quatre amis (Adam, Léa, Alice et Khalil) et vous réviserez dans un contexte authentique le lexique et les actes de parole rencontrés dans les unités précédentes.

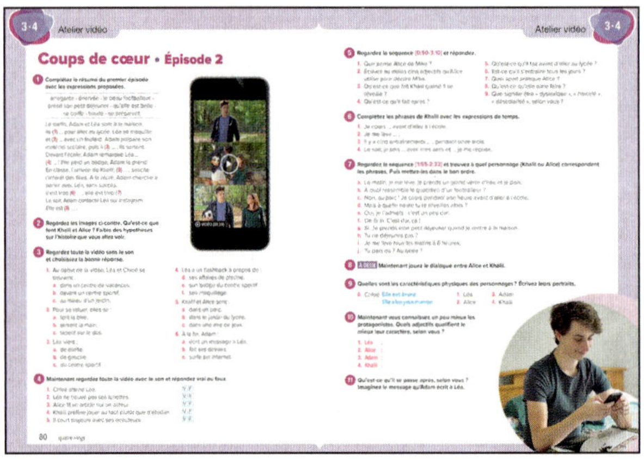

DELF blanc

À la fin du *Livre de l'élève*, une épreuve complète du DELF A1 vous permettra de vous préparer à l'examen.

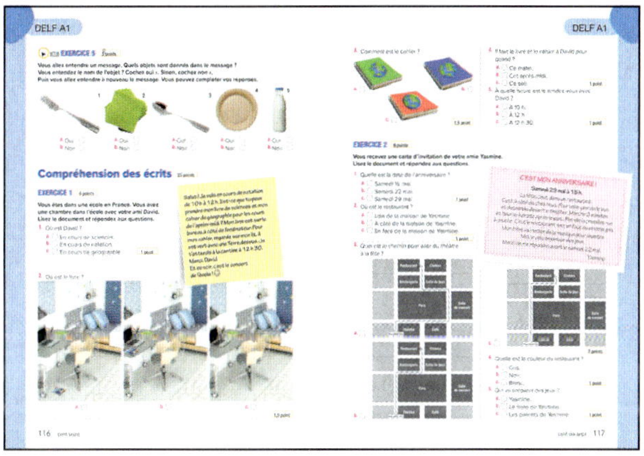

Cahier

À chaque section du *Livre de l'élève* correspond une section du *Cahier* avec les activités à faire comme devoirs à la maison pour renforcer ce qui a été fait en classe. Toutes les deux unités, la rubrique *Je m'évalue* propose des activités récapitulatives en autocorrection.

Vous pourrez poursuivre votre apprentissage en autonomie grâce aux exercices du site compagnon (www.didierfle-nouvelle-generation.fr).

Annexes

Dans la partie *Annexes*, vous trouverez des tableaux récapitulatifs des règles de grammaire, des tableaux de conjugaison ainsi que des activités complémentaires de phonétique.

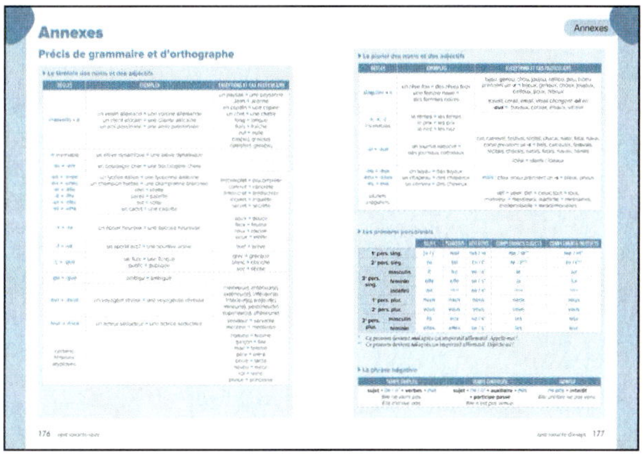

TABLEAU

DES CONTENUS

• Les articles définis et indéfinis
• Les couleurs
• Les nombres de 0 à 30
• L'accent tonique

Je m'exprime	Socioculturel
Communication p. 29 • Entrer en contact • Présenter et se présenter • Demander et dire la date • Une rencontre (*vidéo*)	**Culture** p. 32 • La France et ses symboles
Communication p. 45 • Les formules de politesse • Demander des informations personnelles • C'est qui ? (*vidéo*)	**Atelier vidéo** p. 48 • Coups de cœur – Épisode 1
Communication p. 61 • Décrire l'aspect physique et le caractère • Demander et dire l'heure • Elle est comment ? (*vidéo*)	**Culture** p. 64 • La France, le pays des vacances dans la nature

TABLEAU DES CONTENUS

0 Bienvenue !

La France et la francophonie

1 Répondez aux questions.

1. Quelles villes sont en France ?
   - a. Luxembourg.
   - b. Lyon.
   - c. Monaco.
   - d. Montréal.
   - e. Strasbourg.
   - f. Genève.
   - g. Avignon.
   - h. Tunis.
2. On parle français dans quels pays ?
   - a. Le Vietnam.
   - b. Le Mexique.
   - c. Le Canada.
   - d. La Côte d'Ivoire.
   - e. La Belgique.
   - f. L'Italie.
   - g. La Tunisie.
   - h. Le Maroc.
   - i. L'Algérie.
   - j. Le Cameroun.
   - k. Le Kenya.
3. Quelles spécialités sont françaises ?
   - a. Le brie.
   - b. Les crêpes.
   - c. Le pudding.
   - d. Les tapas.
   - e. La quiche.
   - f. Le couscous.
   - g. Le macaron.
4. Quels personnages sont français ?
   - a. Jeanne d'Arc.
   - b. Le Roi Soleil.
   - c. Descartes.
   - d. Salvador Dali.
   - e. Agatha Christie.
   - f. Napoléon.
   - g. Les frères Lumière.
   - h. Jules Verne.
   - i. Marie-Antoinette.

2 Associez une photo avec un lieu ou un monument.

1. La place Stanislas à Nancy
2. Les murs peints à Lyon
3. Le site du Mont-Saint-Michel
4. L'Aiguille du Midi
5. La tour Eiffel à Paris
6. Château de la Loire

a

b

c

d

e

f

L'INFO EN +

Le mot ***francophonie*** désigne l'ensemble des personnes qui parlent français (comme langue maternelle, comme langue de communication, comme langue d'études...) sur les cinq continents (300 millions de personnes). dans 88 états). Bienvenus dans la francophonie !

3 **Répondez au test sur la francophonie.**

1 La France ressemble à...
a. un carré
b. un pentagone
c. un hexagone
d. un octogone

1 En plus du français, en Belgique on parle...
a. anglais et flamand
b. flamand et allemand
c. allemand et anglais
d. pas d'autre langue

3 Le coq est le symbole de quel pays ?
a. La Suisse
b. La Belgique
c. Le Sénégal
d. La France

4 En France, il y a...
a. environ 55 millions d'habitants
b. environ 60 millions d'habitants
c. environ 67 millions d'habitants
d. environ 75 millions d'habitants

5 La France c'est aussi :
a. La Martinique (dans les Caraïbes)
b. Les Bermudes (Océan Atlantique)
c. L'Île de la Réunion (Océan Indien)
d. La Nouvelle-Calédonie (Océan Pacifique)

6 Qui est le chef d'état du Canada ?
a. Le président de la république canadienne
b. Le président de la république française
c. Le président des États-Unis
d. La reine d'Angleterre

7 « Un pour tous et tous pour un » est la devise de quel pays ?
a. Le Cambodge
b. Le Canada
c. Le Luxembourg
d. La Suisse

8 La langue française est une langue officielle dans...
a. 13 pays africains
b. 17 pays africains
c. 22 pays africains
d. 26 pays africains

RÉSULTATS

7-8 réponses correctes
Bravo ! Vous connaissez très bien la francophonie !

5-6 réponses correctes
Félicitations ! Vous êtes presque au top !

3-4 réponses correctes
Pas mal ! Vous pouvez encore vous améliorer !

0-2 réponses correctes
Ne vous découragez pas : vous aussi, vous serez bientôt un expert !

Lire en français

4 ▶ **1 Dans votre langue, vous utilisez peut-être des mots français. Écoutez, répétez et trouvez trois mots français que vous connaissez.**

1. abat-jour
2. Air France
3. atelier
4. Auchan
5. baguette
6. beige
7. Bordeaux
8. boutique
9. chauffeur
10. coiffeur
11. croissant
12. Citroën
13. équipe
14. foulard
15. garage
16. grand prix
17. hôtel
18. marrons glacés
19. papillon
20. pédicure
21. purée
22. ratatouille
23. soufflé
24. souvenir
25. toilettes

En français, il existe de nombreuses différences entre écriture et prononciation.
Dans l'exercice 4, cherchez les lettres ou les groupes de lettres de la première colonne du tableau ci-dessous.
Puis écoutez à nouveau les mots et identifiez les sons.

On écrit	Comme...
ai	
au	
-e / -es sans accent à la fin d'un mot	
-é / -ée / -és / -ées avec accent aigu à la fin d'un mot	soufflé, purée, marrons glacés
eau	
ei	
eu	
ill	
oi	

On écrit	Comme...
ou	
u	
-d / -g / -p / -s / -t / -x / -z à la fin d'un mot	
-r à la fin d'un mot	
h	
j	
ch	
ce / ci	
ge / gi	
gue / gui	
que / qui	

Les lettres *e, d, g, p, s, t, x, z* sont muettes (elles ne se prononcent pas) :

- quand elles se trouvent à la fin d'un mot ;
- quand elles sont suivies d'un -s (il existe des exceptions).

5 ▶ **2 Écoutez et répétez l'alphabet.**

A B C D E F G H I J K L M
N O P Q R S T U V W X Y Z

L'INFO EN +

En français, le genre des lettres de l'alphabet est masculin : *un **A**, un **B**, un **H**...* Pour épeler les lettres doubles on dit *deux B, deux M...*

Communiquer en classe

6 Observez le dessin. Associez un mot et un chiffre.

la classe | la fenêtre | un livre | le professeur (le prof) | l'éponge [f.]

un / une élève | la trousse | la chaise | le bureau (du professeur)

le stylo | le tableau noir | la gomme | la craie / un morceau de craie

la table | le crayon | l'ordinateur [m.]

7 Lisez les phrases suivantes. Quelles sont les phrases pour l'enseignant, pour l'étudiant et pour les deux ?

- Asseyez-vous !
- Cherchez le mot… dans le dictionnaire.
- Comment ça s'écrit ?
- Comment on dit… en français / en italien ?
- Écrivez les phrases dans le cahier.
- Comment tu t'appelles ?
- Je n'ai pas compris. Vous pouvez répéter, s'il vous plaît ?
- Je peux aller aux toilettes ?
- Je peux poser une question ?
- Écoutez le dialogue.
- Levez la main !
- Ouvrez le livre à la page…
- Faites l'exercice numéro…
- Que signifie ce mot / cette expression ?
- Taisez-vous ! / Tais-toi !
- Je m'appelle…

8 On utilise d'autres expressions en classe. Traduisez les expressions avec votre professeur.

- Cochez la bonne case.
- Complétez la fiche / le tableau.
- Jouez la scène.
- Lisez le texte à voix haute.
- Ouvrez / Fermez la fenêtre.
- Répétez après moi.

Les articles définis et indéfinis

■ Les articles définis

	Masculin	Féminin
Singulier	le / l'	la / l'
Pluriel	les	

■ Les articles *le* ou *la* deviennent *l'* devant une **voyelle** ou un ***h* muet**.
Devant une **voyelle** ou un ***h* muet**, on fait toujours la liaison avec *les* (*les‿élèves*).

■ Les articles indéfinis

	Masculin	Féminin
Singulier	un	une
Pluriel	des	

■ Devant une **voyelle** ou un ***h* muet**, on fait toujours la liaison avec *des* (*des‿amis*).

ATTENTION ! Le symbole ‿ indique une *liaison* : à l'oral on prononce la consonne finale (normalement muette) d'un mot, si le mot suivant commence par une voyelle ou un *h* muet. Quand on fait la *liaison*, *-s* et *-x* se prononcent [z].

9 ▶ 3 Écoutez : masculin (*un*) ou féminin (*une*) ?

	1	2	3	4	5	6	7	8	9	10
masculin	…	…	…	…	…	…	…	…	…	…
féminin	…	…	…	…	…	…	…	…	…	…

10 ▶ 4 **Écoutez : singulier (*le*) ou pluriel (*les*) ?**

	1	2	3	4	5	6	7	8	9	10
singulier	...	...	...	...	...	...	...	...	...	...
pluriel	...	...	...	...	...	...	...	...	...	...

11 ***Le/un*, *La/une* ou *Les/des* ?**

0. la / une classe
1. ... / ... école [*f. s.*]
2. ... / ... stylo [*m. s.*]
3. ... / ... vacances [*f. pl.*]
4. ... / ... hôpital [*m. s.*]
5. ... / ... hôtels [*m. pl.*]
6. ... / ... TBI (Tableau Blanc Interactif) [*m. s.*]

12 **Associez (plusieurs réponses possibles).**

7. le
8. la
9. l'
10. les
11. un
12. une
13. des

a. crayon [*m. s.*]
b. élèves [*m.* et *f.pl.*]
c. éponge [*f. s.*]
d. gomme [*f. s.*]
e. ordinateur [*m. s.*]
f. professeurs [*m. pl.*]
g. trousses [*f. pl.*]

13 **Trouvez les articles (définis ou indéfinis).**

0. Aujourd'hui c'est un jour spécial : c'est l'anniversaire de Jean-Luc.
1. Mme Hénin a ... grande passion [*f. s.*] : ... danse moderne [*f. s.*].
2. ... oranges [*f. pl.*] sont ... fruits [*m. pl.*] pleins de vitamines.
3. Vous préférez ... thé [*m. s.*] ou ... café [*m. s.*] ?
4. ... Olympique [*m. s.*] de Marseille est ... équipe [*f. s.*] de football.
5. J'ai ... ami [*m. s.*] espagnol et ... copines [*f. pl.*] mexicaines.
6. ... 28 octobre [*m. s.*] c'est ... samedi [*m. s.*].

Les couleurs

▶ 5

ROSE MARRON JAUNE BEIGE GRIS NOIR BLANC ROUGE ORANGE MAUVE VERT VIOLET BLEU BLEU CLAIR

14 **Observez les images. Quelle est la couleur des objets ?**

1. Le cahier de français est ... .
2. Le livre de grammaire est ... .
3. Le crayon est ... .
4. Le stylo est ... .
5. Le dictionnaire est ... .
6. L'ordinateur est ... .
7. Le tableau est ... .
8. La gomme est ... et ... .
9. La trousse est ... et ... .

Les nombres de 0 à 30

▶ 6

0	zéro				
1	un	11	onze	21	vingt et un
2	deux	12	douze	22	vingt-deux
3	trois	13	treize	23	vingt-trois
4	quatre	14	quatorze	24	vingt-quatre
5	cinq	15	quinze	25	vingt-cinq
6	six	16	seize	26	vingt-six
7	sept	17	dix-sept	27	vingt-sept
8	huit	18	dix-huit	28	vingt-huit
9	neuf	19	dix-neuf	29	vingt-neuf
10	dix	20	vingt	30	trente

15 ▶ 7 **Écoutez. Vous entendez quel nombre ?**

1. Mario habite [6 / 10] rue de la République.
2. Thomas a [6 / 16] ans.
3. Encore [3 / 13] jours et c'est la fin des vacances.
4. Dans notre classe, nous sommes [21 / 29].
5. [2 / 12] élèves sont en retard.
6. L'exercice n° [13 / 16] est difficile.

16 **Associez une image avec un nombre.**

Trois • vingt-quatre • six • vingt-neuf • sept • vingt-et-un • dix-huit • treize • zéro • seize

a

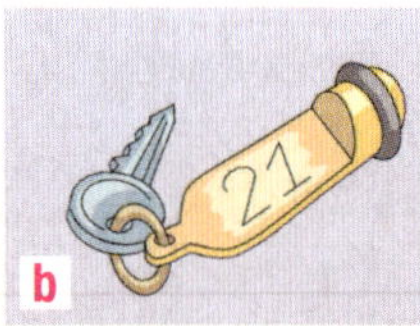

b

c

d

e

f

g

h

i

j

La formation du pluriel (1)

- En général, pour former le pluriel des noms et des adjectifs, **on ajoute un *-s*** à la forme au singulier :
  - *un acteur italien › **des** acteur**s** italien**s***
  - *une spécialité américaine › **des** spécialité**s** américaine**s***
- Les mots se terminant *-s*, *-x*, *-z* sont **invariables** :
  - *le bus anglais › les bus anglais*
  - *le prix › les prix*
  - *le gaz › les gaz*
- L'ajout du ***-s* ne modifie pas la prononciation** des mots.

17 **Transformez les phrases au pluriel.**

0. un film français → *des films français*
1. un discours difficile → ...
2. un gaz rare → ...
3. un objet curieux → ...
4. un restaurant japonais → ...
5. une moto américaine → ...
6. une voix merveilleuse → ...
7. un menu équilibré → ...

Les pronoms personnels sujets et les verbes *être et avoir*

- En français, on utilise les pronoms personnels sujets.
  - ***Je** suis belge.*

	Singulier	Pluriel
1er personne	je / j'	nous
2e personne	tu	vous
3e pers. masculin	il	ils
3e pers. feminin	elle	elles

- Devant une **voyelle** ou un ***h* muet**, ***je*** devient ***j'***.
- Avec *nous, vous, ils, elles* on fait toujours la *liaison* si le verbe commence par une voyelle.
  - *Nous avons.*

En français, **la forme de politesse est *vous*** (2e personne du pluriel) :
- *Madame, vous avez l'heure ?*

- Les verbes ***être*** et ***avoir*** sont irréguliers.

être	avoir
je suis	j'ai
tu es	tu as
il est / elle est	il a / elle a
nous sommes	nous‿avons
vous‿êtes	vous‿avez
ils sont / elles sont	ils‿ont / elles‿ont

18 ▶ 8 **Écoutez et répétez les conjugaisons de *être* et *avoir*. Attention : *ils/elles* sont et *ils/elles*‿ont.**

19 **Quel est le pronom sujet personnel correct ?**

0. Tu as 15 ans, Kévin ?
1. Je te présente Chiara, ... est italienne.
2. ... es russe, Ivan ?
3. Inès et Manuela parlent espagnol : ... sont mexicaines.
4. Guillaume et Clément, ... avez fini ?
5. Je me présente : ... suis Évelyne Lenormand.
6. Arthur et Charles vivent à Bruxelles, ... sont belges.
7. Nikolais habite à Athènes : ... est grec.
8. Madame, ... êtes française ?
9. ... avons deux stylos et trois crayons.

20 **Conjuguez les verbes *être* ou *avoir*.**

0. Aujourd'hui, je suis malade : j'ai 38 °C de fièvre.
1. Adèle ... blonde et elle ... les yeux verts.
2. Je m'appelle Youcef, je ... tunisien et j'... 16 ans.
3. Mme Leroy, vous ... une gomme, s'il vous plaît ? Merci, vous ... très gentille.
4. Nous ... un problème et nous ... en retard.
5. Tu ... quel âge ? Tu ... au collège ou au lycée ?
6. Vous ... en quelle classe ? Vous ... qui comme prof d'anglais ?
7. Yuko et Nicolas ... très contents : ils ... une nouvelle bicyclette.
8. M. Janson ... professeur de musique ; il ... une passion : l'opéra.

Phonétique

L'ACCENT TONIQUE

▶ 9 **Écoutez, répétez et observez.**

1. cinéma · animal · naturel · finir · métro · bonjour
2. chaussure · roulette · Bologne
3. Moulin Rouge · eau de toilette · il habite à Nice

→ Phonétique, p. 174

Révisez avec le test de fin d'unité.

1 Contacts

1 **À VOUS !** **Traduisez les expressions françaises dans votre langue.**

1. Ça va ?
2. Bonjour !
3. Salut !
4. À plus tard.
5. Enchanté(e).
6. Au revoir !
7. À lundi !

2 ▶ 10 **Vers le DELF** **Écoutez et répondez.**

A Dans la cour du lycée

1. Françoise est :
   - a. une copine de Charles.
   - b. une fille algérienne.
   - c. la mère de Charles.
2. Le père d'Assia est :
   - a. français.
   - b. algérien.
   - c. marocain.
3. Françoise et Assia sont en retard :
   - a. pour le cours de français.
   - b. pour le cours de danse.
   - c. pour le cours de théâtre.

B Au cours de théâtre

1. Quel est le nom de Françoise ?
2. Quel est le nom d'Assia ?
3. Françoise et Assia ont :
   - a. seize ans.
   - b. six ans.
   - c. dix-neuf ans.
4. Le cours de théâtre commence le :
   - a. 4 septembre.
   - b. 24 octobre.
   - c. 7 septembre.

L'INFO EN +

En français, on utilise la forme de politesse ***vous*** entre collègues ou dans les magasins. Si vous hésitez entre *tu* et *vous*, posez la question : *on se dit tu ?*
Tutoyer c'est quand on utilise *tu*, ***vouvoyer*** c'est quand on utilise *vous*.

3 Maintenant lisez les dialogues.

A Dans la cour du lycée

Charles	Bonjour, Françoise. Ça va ?
Françoise	Salut. Ça va, et toi ? Je te présente une copine, Assia.
Assia	Bonjour.
Charles	Salut. Moi, c'est Charles. Assia, c'est un prénom étranger, non ?
Assia	Oui, c'est un prénom algérien. Ma mère est algérienne mais mon père est parisien.
Charles	Tu es en classe avec nous ?
Assia	Oui, bien sûr !
Charles	Dis, Françoise, tu as le numéro de Lucas ?
Françoise	Oui, attends… C'est le 06 48 87 55 74 91. Bon, Assia, nous sommes en retard pour le cours de théâtre. À plus tard, Charles !
Charles	Ah ! D'accord ! Au revoir, les filles !
Assia	Tchao !

B Au cours de théâtre

Françoise	Bonjour. Est-ce que vous êtes M. Flamant ?
M. Flamant	Oui.
Françoise	Enchantée, monsieur. Nous sommes là pour le cours de théâtre.
M. Flamant	Bienvenue ! J'ai juste besoin d'une petite fiche. Nom ? Prénom ?
Françoise	Mon nom est Richaud et mon prénom est Françoise.
M. Flamant	Richaux avec un X à la fin ?
Françoise	Non, avec un D.
M. Flamant	D'accord. Âge ?
Françoise	J'ai 16 ans.
M. Flamant	Adresse ?
Françoise	196, boulevard des Belges, à Lyon.
M. Flamant	Et toi, tu t'appelles…
Assia	Assia Josserand.
M. Flamant	Ça s'écrit comment, ton nom ?
Assia	J-O-S-S-E-R-A-N-D. J'ai 16 ans.
M. Flamant	Est-ce que toi aussi tu habites à Lyon ?
Assia	Oui, monsieur : j'habite au 2, rue du 3 septembre 1944.
M. Flamant	Parfait. Le cours commence lundi 24 octobre, salle 7.
Françoise	Merci, monsieur. Au revoir !
Assia	Au revoir ! À lundi !

OBSERVEZ

je m'appe**lle**
tu t'appe**lles**
il / elle s'appe**lle**
nous nous appe**lons**
vous vous appe**lez**
ils / elles s'appe**llent**

4 Relevez dans les dialogues les expressions utilisées pour…

1. se saluer entre amis →
2. demander comment ça va →
3. présenter quelqu'un →
4. se présenter →
5. prendre congé →
6. se saluer de façon formelle →
7. répondre à une présentation →

Emma la championne

5 ▶ 11 **Lisez la présentation d'Emma. Puis écoutez l'interview et trouvez les 8 erreurs dans le texte.**

EMMA DUBOIS est lycéenne. Son école est le lycée Jules Verne ici à Nantes. Elle a 17 ans et elle est suisse. Elle est en seconde. C'est une bonne élève et elle est très sportive : c'est une championne de tennis. Ses parents sont médecins et elle a deux sœurs et un frère. Sa sœur aînée s'appelle Jeanne ; elle a 20 ans et elle est étudiante. Elle est nulle en tennis ! Son frère André a 14 ans et il est collégien. Sa sœur cadette, Raphaëlle, a 11 ans et elle est collégienne elle aussi ; elle est adorable. Emma adore les animaux : elle a un chien et deux chattes. Ses copines s'appellent Aminata et Danielle. Comme Emma, ce sont des élèves du cours de danse de Mme Bonnet.

L'INFO EN +

En France, le ***collège*** dure 4 ans, et le ***lycée*** 3 ans.

Le collège
11 ans – la sixième (6e)
12 ans – la cinquième (5e)
13 ans – la quatrième (4e)
14 ans – la troisième (3e)

Le lycée
15 ans – la seconde (2de)
16 ans – la première (1re)
17 ans – la terminale (^{Tle})

L'examen final s'appelle le ***baccalauréat*** ou bac.

6 Vers le DELF **Écoutez encore une fois l'interview et trouvez la bonne réponse.**

1. Emma fréquente :
   a. le collège.
   b. le lycée.
   c. l'école maternelle.
2. Elle habite à :
   a. Nantes.
   b. Paris.
   c. Lille.
3. Sa sœur cadette s'appelle :
   a. Jeanne.
   b. Raphaëlle.
   c. Damienne.
4. Aminata a :
   a. 6 ans.
   b. 13 ans.
   c. 16 ans.
5. Le père d'Aminata est :
   a. vétérinaire.
   b. infirmier.
   c. professeur de théâtre.
6. Danielle et Aminata aiment :
   a. le tennis.
   b. la danse.
   c. les animaux.

7 GRAMMAIRE

1. Trouvez dans le texte de l'exercice n°5 les adjectifs possessifs.
   a. ... frère [*m. s.*]
   b. ... sœur [*f. s.*]
   c. ... parents [*m. pl.*]
   d. ... copines [*f. pl.*]
2. L'adjectif possessif pluriel *ses* s'utilise avec :
   a. les noms masculins.
   b. les noms féminins.
   c. les noms masculins et féminins.
3. *École* est un nom féminin. Pourquoi on utilise l'adjectif possessif *son* ?
4. Est-ce qu'on utilise un article avec un adjectif possessif ?
   a. Oui.
   b. Non.

→ Les adjectifs possessifs, p. 26

8 Complétez la fiche d'inscription d'Emma.

ÉCOLE DE DANSE *Louise Bonnet* | FICHE D'INSCRIPTION

NOM ...

PRÉNOM ...

DATE DE NAISSANCE ...

ADRESSE 16, Rue de la Bastille – Nantes

PROFESSION ...

E-MAIL emma.dubois@gmx.fr

Mots et expressions

12 LES NOMBRES À PARTIR DE 31

31	trente et un	**60**	soixante	**100**	cent
32	trente-deux	**70**	soixante-dix	**101**	cent un
33	trente-trois	**71**	soixante et onze	**200**	deux cents
34	trente-quatre	**72**	soixante-douze	**201**	deux cent un
35	trente-cinq	**79**	soixante-dix-neuf	**300**	trois cents
36	trente-six	**80**	quatre-vingts	**1000**	mille
37	trente-sept	**81**	quatre-vingt-un	**1100**	mille cent
38	trente-huit	**82**	quatre-vingt-deux	**1200**	mille deux cents
39	trente-neuf	**90**	quatre-vingt-dix	**1201**	mille deux cent un
40	quarante	**91**	quatre-vingt-onze	**2000**	deux mille
50	cinquante	**99**	quatre-vingt-dix-neuf	**1 000 000**	un million
				1 000 000 000	un milliard

- 80 prend un *-s* quand il n'y a pas de nombre après.
- Au pluriel, cent prend un *-s* quand il n'y a pas de nombre après.
  • *600 six cents* • *780 sept cent quatre-vingts* • *689 six cent quatre-vingt-neuf*
  Attention : on écrit *cent vingt* (120) et *deux mille cent* (2100).
- *Mille* est **invariable.**
- *Million* et *milliard* sont des noms et prennent un **-s** au pluriel:
  • *deux millions* • *trois milliards*

Les nombres composés inférieurs à 100 s'écrivent avec un tiret, sauf ceux avec *et.*

1 13 **Écoutez et choisissez les nombres que vous entendez.**

1. Cette tablette coûte [385 / 395] euros.
2. Dernier appel pour les passagers du vol AF [6871 / 6891].
3. La France compte environ [76 / 67] millions d'habitants.
4. Le département de Paris porte le numéro [75 / 57].
5. Le TGV [212 / 272] en provenance de Lyon entre en gare voie 6.
6. Mika est né en [1983 / 1993], Federica Pellegrini en [1978 / 1988] et Emma Watson en [1986 / 1990].
7. Mon numéro de téléphone est le [22 61 73 93 33 / 22 61 73 96 33].
8. Napoléon Bonaparte est né en [1769 / 1779] et il est mort en 1821.

2 **Complétez avec les nombres en toutes lettres.**

1. Ali Baba et les ... [40] voleurs.
2. Le tour du monde en ... [80] jours.
3. Les ... [101] dalmatiens.
4. ... [1492] : la conquête du paradis.
5. ... [2001] : l'Odyssée de l'espace.
6. ... [20 000] lieues sous les mers.

3 **Écrivez les nombres en toutes lettres.**

96 · 583 · 7580 · 13 900 · 671 041 · 75 000 000

1 Je fais le point

14 LES PAYS ET LES NATIONALITÉS

EUROPE	EUROPÉEN(NE)
France	français(e)
Italie	italien(ne)
Albanie	albanais(e)
Allemagne	allemand(e)
Angleterre	anglais(e)
Belgique [f.]	belge
Espagne	espagnol(e)
Moldavie	moldave
Portugal	portugais(e)
Roumanie	roumain(e)
Russie	russe
Suisse	suisse

AFRIQUE	AFRICAIN(E)
Algérie	algérien(ne)
Égypte [f.]	égyptien(ne)
Maroc	marocain(e)
Sénégal	sénégalais(e)
Tunisie	tunisien(ne)

ASIE	ASIATIQUE
Chine	chinois(e)
Inde	indien(ne)
Japon	japonais(e)
Philippines	philippin(e)

AMÉRIQUE	AMÉRICAIN(E)
Argentine	argentin(e)
Brésil	brésilien(ne)
Canada	canadien(ne)
États-Unis	américain(e)
Pérou	péruvien(ne)
Québec	québécois(e)

OCÉANIE	OCÉANIEN(NE)
Australie	australien(ne)

4 Complétez avec les nationalités correspondantes.

0. Marc est né à Paris. Il est français.
1. Andreas est né à Berlin. Il est ... .
2. José est né à Barcelone. Il est ... .
3. Maria Chiara est née à Florence. Elle est ... .
4. Natacha est née à Moscou. Elle est ... .
5. Angéline est née à Bruxelles. Elle est ... .
6. Guo est né à Shanghai. Il est ... .

5 Complétez avec les noms des pays et les nationalités.

0. Mélina habite en France ; elle est française.

1. Noah habite en ... ; il est ... .

2. Cristina habite au ... ; elle est ... .

3. Ayoub habite en ... ; il est ... .

4. Ashley habite aux... ; elle est ... .

5. Amar et Mani habitent en ... ; ils sont ... .

15 LES JOURS DE LA SEMAINE

- le lundi
- le mardi
- le mercredi
- le jeudi
- le vendredi
- le samedi
- le dimanche

16 LES MOIS DE L'ANNÉE

- janvier
- février
- mars
- avril
- mai
- juin
- juillet
- août
- septembre
- octobre
- novembre
- décembre

6 **Complétez avec les mots qui conviennent.**

1. Le deuxième jour de la semaine est ... .
2. Les mois de 30 jours sont ... , ... , ... et ... .
3. Noël est au mois de ... .
4. Le mois de 28 jours est ... .
5. ... et ... sont les jours du week-end.

▶ 17 LES ANIMAUX DOMESTIQUES

- un chien, une chienne

- un chat, une chatte

- un perroquet

- une tortue

- un canari

- un poisson rouge

- un lapin

- un hamster

7 **Observez les images et trouvez les animaux correspondants.**

1.

2.

3.

4.

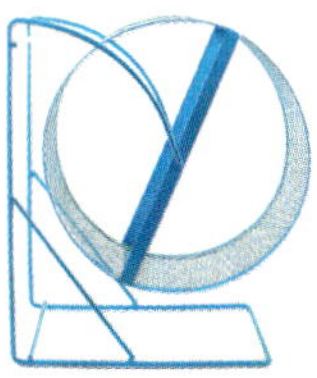
5.

6.

8 ▶ 18 **Est-ce que vous reconnaissez ces animaux ? Écoutez et répondez.**

1. C'est un ... .
2. C'est un ... .
3. C'est un ... .
4. C'est un ... .
5. C'est un ... .
6. C'est un ... .

19 LA FAMILLE (1)

LES PARENTS
- le père et la mère (papa, maman)

LES ENFANTS
- le fils, la fille
- le frère, la sœur
- cadet(te) ≠ aîné(e)
- jumeau, jumelle

9 **Observez l'arbre généalogique de Thomas, puis complétez les phrases.**

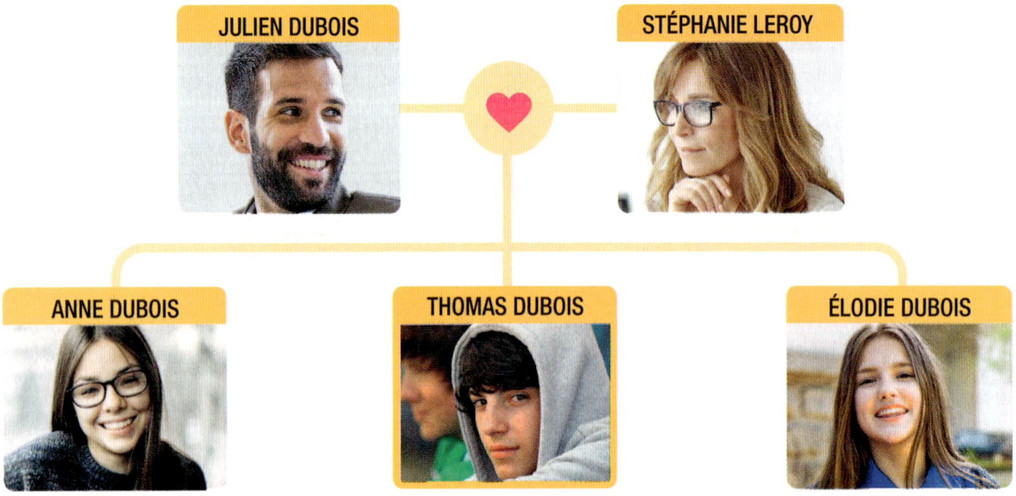

1. Stéphanie est la ... de Thomas.
2. Julien et Stéphanie sont les ... de Thomas.
3. Thomas a deux ... : Anne et Élodie.
4. Le ... de Thomas s'appelle Julien.
5. Julien et Stéphanie ont trois ... : deux ... et un ... .
6. Thomas est le ... d'Anne et Élodie.

10 **Présentez la famille Lemercier.**

Grammaire

LA FORMATION DU FÉMININ (1)

Sa sœur **ainée** s'appelle Jeanne.

- En général, pour former le **féminin** des noms et des adjectifs, **on ajoute un** ***-e*** à la forme au masculin :
  - *un ami allemand* › *une ami**e** allemand**e***
- L'ajout du *-e* après une consonne modifie la prononciation, il faut alors prononcer la consonne finale :
  - *japonais* › *japonai**se***
- Si un mot au masculin se termine par un ***-e***, la forme ne change pas au féminin :
  - *un artiste suisse* › ***une** artiste suisse*
- Si un mot se termine par un *-é*, on suit la règle générale :
  - *le frère aîné* › *la sœur aîné**e***
- Les noms et les adjectifs se terminant par *-**an***, *-**in***, *-**un***, prennent un *-e* au féminin, et perdent le son nasal :
  - *plein* › *plei**ne*** • *américain* › *américai**ne*** • *voisin* › *voisi**ne*** • *commun* › *commu**ne***
- Tous les noms et les adjectifs se terminant par *-**el***, *-**il***, *-**ul***, *-**en***, *-**on***, doublent leur consonne finale et prennent un *-e* au féminin :
  - *naturel* › *nature**lle*** • *gentil* › *genti**lle*** • *pareil* › *parei**lle*** • *nul* › *nu**lle*** • *lycéen* › *lycée**nne*** • *champion* › *champio**nne***

EXCEPTION *seul* › *seul**e*** • *civil* › *civil**e***

ATTENTION ! Les mots se terminant en *-**al*** ne doublent pas la consonne finale.
- *national* › *national**e***

- La plupart des noms et des adjectifs se terminant par *-**as***, *-**os***, *-**et***, *-**ot***, doublent leur consonne finale et prennent un *-e* au féminin :
  - *gros* › *gro**sse*** • *violet* › *viole**tte***

EXCEPTION *héros* › *hér**oïne*** • *idiot* › *idiot**e***

- Les adjectifs *(in)complet*, *concret*, *(in)discret*, *inquiet*, *secret*, forment leur féminin en *-**ète*** :
  - *complet* › *compl**ète***

1 ▶ 20 **Masculin ou féminin ? Écoutez.**

	1	2	3	4	5	6	7	8	9	10
masculin	...	...	...	...	...	...	...	...	...	...
féminin	...	...	...	...	...	...	...	...	...	...

2 **Transformez au féminin.**

0. un professeur sévère → une professeure sévère
1. un ami sincère → ...
2. un élève portugais → ...
3. un commerçant espagnol → ...
4. un artiste chinois → ...
5. un étudiant allemand → ...
6. un journaliste anglais → ...

3 **Transformez au féminin.**

1. C'est un bon copain. → ...
2. C'est un artisan exceptionnel. → ...
3. Ce sont des collègues marocains et égyptiens. → ...
4. Le voisin de Paul est végétarien. → ...
5. C'est un candidat discret mais déterminé. → ...
6. Le patron d'Inès est gentil mais superficiel. → ...
7. Ce lycéen est colombien. → ...
8. Le chat anglais de Léa est trop gros. → ...

4 **Transformez au masculin.**

1. Elle est petite et mignonne. → ...
2. C'est la voisine de Julien. → ...
3. Elle est gentille. → ...
4. C'est une collégienne albanaise. → ...
5. Elles sont allemandes. → ...

LES ADJECTIFS POSSESSIFS

Mon père est parisien.

- On utilise les adjectifs possessifs pour dire à qui appartient un ou des objets, une ou des personnes.

	singulier		pluriel
	masc.	fém.	masc. et fém.
je	mon	ma	mes
tu	ton	ta	tes
il / elle	son	sa	ses
nous	notre		nos
vous	votre		vos
ils / elles	leur		leurs

- Devant un mot **féminin singulier** qui commence par une **voyelle** ou ***h* muet**, on utilise la **forme au masculin** ***mon***, ***ton***, ***son*** :
  - *une école* › ***mon*** *école* • *une histoire* › ***ton*** *histoire* • *une ancienne voiture* › ***son*** *ancienne voiture*
- Devant une **voyelle** ou un ***h* muet**, avec *mon*, *ton* et *son*, on fait la ***liaison*** :
  - *mon‿ami*
- Avec les **adjectifs** possessifs **pluriels**, on fait toujours la ***liaison***.
  - *mes‿amis*

5 **Complétez avec les adjectifs possessifs qui conviennent (lié au sujet de la phrase).**

0. Tu as ta trousse ?
1. Nous passons ... vacances à la mer.
2. Tu me présentes ... copain ?
3. Léo ne parle plus avec ... ex-femme.
4. Elles n'ont pas ... crayons.
5. Madame, vous avez ... documents ?
6. Sophie ne trouve plus ... gomme.
7. Voici Cécile et Tom ; ... mère est allemande.
8. Je suis fier de ... idée.

6 **Trouvez les adjectifs possessifs qui conviennent.**

0. – C'est la maison de Mme Ducros ?
   – Oui, c'est sa maison.
1. – Ce sont les ordinateurs des élèves ?
   – Oui, ce sont ... ordinateurs.
2. – Ce sont vos voisins ?
   – Oui, ce sont ... voisins.
3. – C'est le chat de Françoise ?
   – Oui, c'est ... chat.
4. – C'est la sœur de Valérie et Cédric ?
   – Oui, c'est ... sœur.
5. – Ce sont les parents d'Émilie ?
   – Oui, ce sont ... parents.
6. – Ce sont mes photocopies ?
   – Oui, ce sont ... photocopies.
7. – C'est l'opinion de Julien ?
   – Oui, c'est ... opinion.
8. – C'est la voiture de M. Varon ?
   – Oui, c'est ... voiture.
9. – C'est l'hypothèse de Léonie ?
   – Oui, c'est ... hypothèse.

LA PHRASE INTERROGATIVE (1)

Tu es en classe avec nous ?
Est-ce que vous êtes M. Flamant ?

- Avec intonation ou *est-ce-que*, la question concerne **toute la phrase**. La réponse est *oui, non, peut-être*.

ATTENTION ! On utilise *si* pour répondre affirmativement à une question négative.
- – *Tu n'es pas français?*
  – ***Si***, *je suis lyonnais.*

(→ Unité 2, La phrase négative, p. 43)

- L'interrogation avec intonation et avec *est-ce-que* :
  – ajouter un **point d'interrogation** à la phrase affirmative et la prononcer avec une **intonation montante** (langage familier) :
  - *Léon habite à Bordeaux ?* ↗
  - *Elle est anglaise ?* ↗

  – ajouter ***est-ce que*** **avant le sujet** (langage courant) :
  - ***Est-ce que*** *Léon habite à Bordeaux ?*
  - ***Est-ce qu'****elle est anglaise ?*

ATTENTION ! *Est-ce que* devient *Est-ce qu'* devant une voyelle.

7 ▶ 21 **Écoutez et indiquez s'il s'agit d'une affirmation (A) ou d'une interrogation (I).**

1	2	3	4	5	6	7	8	9	10
...	...	...	...	...	...	...	...	...	...

8 **Trouvez les questions et formulez-les avec l'intonation et avec *est-ce que*.**

0. – Elles sont tristes ?
   – *Est-ce qu'elles sont tristes* ?
   – Oui, elles sont tristes.
1. – ... ?
   – ... ?
   – Oui, elle est née à Dublin.
2. – ?
   – ... ?
   – Oui, ils sont en retard.
3. – ... ?
   – ... ?
   – Oui, Benjamin parle portugais.
4. – ... ?
   – ... ?
   – Oui, mes amis arrivent demain.
5. – ... ?
   – ... ?
   – Oui, j'habite à Nancy.

LES VERBES DU PREMIER GROUPE

penser	aimer
je pens**e**	j'aim**e**
tu pens**es**	tu aim**es**
il / elle pens**e**	il / elle aim**e**
nous pens**ons**	nous aim**ons**
vous pens**ez**	vous aim**ez**
ils / elles pens**ent**	ils / elles aim**ent**

ATTENTION ! Les terminaisons ***-e***, ***-es***, ***-ent*** sont **muettes** : elles ne se prononcent pas.

- Le premier groupe comprend tous les verbes se terminant par ***-er*** **à l'infinitif**. Une seule exception : le verbe *aller*.
- Au **présent** de l'indicatif, on ajoute au radical (c'est-à-dire à l'infinitif sans *-er*) les **terminaisons** suivantes : ***-e*** / ***-es*** / ***-e*** / ***-ons*** / ***-ez*** / ***-ent***.

9 Trouvez les terminaisons.

1. elles donn...
2. il pass...
3. je rest...
4. mes voisins march...
5. nous présent...
6. Sonia demand...
7. tu laiss...
8. vous tweet...
9. tu rencontr...

10 Conjuguez les verbes entre parenthèses au présent de l'indicatif.

1. Comment tu ... [trouver] mon sac ?
2. Elle ... [étudier] peu et ses notes sont mauvaises.
3. Vous ... [parler] très bien français !
4. Ils ... [travailler] le lundi.
5. J'... [accepter] vos conditions.
6. Nous ... [arriver] vers 5 heures.
7. Mes amies se ... [préparer] pour leur examen.
8. William ... [raconter] une histoire à sa fille.

11 Observez les images et complétez avec les verbes proposés.

chanter · chercher · écouter · jouer · manger · regarder

1. Je ... un croissant.

2. Vous ... votre trousse ?

3. Elle ... très bien.

4. Nous ... au foot.

5. Tu ... la radio.

6. Ils ... la télé.

Phonétique

LA LIAISON

- La ***liaison*** est la **prononciation d'une consonne finale** qui n'est pas prononcée quand le mot s'écrit seul. La liaison se fait quand le mot suivant commence par une **voyelle** ou un ***h* muet**. Les lettres *-s* et *-x* se prononcent [z] et le *-d* se prononce [t].
- On ne fait pas la liaison **après *et*** et **devant** un ***h* aspiré**.

22 Écoutez, répétez et observez.

nous‿arrivons · vous‿habitez · les‿hommes · des‿exercices · dix‿ans
les *harpes · nous *hurlons · un‿éléphant et une girafe

Communication

▶ 23 ENTRER EN CONTACT

SALUER (LA RENCONTRE)	
informel (tu)	**formel (vous)**
Bonjour	
Bonsoir	
Salut	

SALUER (LE CONGÉ)	
informel (tu)	**formel (vous)**
Au revoir	
À demain, À bientôt, À tout à l'heure	
Bonne journée / Bon après-midi / Bonne soirée / Bonne nuit	
À plus tard, À plus	Adieu
Tchao, Ciao, Salut	

DEMANDER COMMENT ÇA VA	
informel (tu)	**formel (vous)**
(Comment) ça va?	
Comment vas-tu?	Comment allez-vous?
Tu vas bien?	Vous allez bien?

DIRE COMMENT ÇA VA
(Ça va) très bien ≠ mal.
Je vais bien. ≠ Je ne vais pas très bien.
Comme ci comme ça.
On fait aller.
Ça ne va pas du tout.
Ça va, et toi / vous ?

1 Associez chaque expression à la situation appropriée.

1. Jean rencontre une amie.
2. M. Dubois rencontre son voisin.
3. 16 h 00. Mme Négrel salue la classe.
4. Paul rencontre deux amis.
5. Sandra salue son père et part à l'école.

a. Bon après-midi et à demain !
b. Salut, Sylvie ! Tu vas bien ?
c. À plus !
d. Bonjour, Yves ! Salut, Marc ! Ça va ?
e. Bonjour, M. Maillard. Comment allez-vous ?

▶ 24 PRÉSENTER ET SE PRÉSENTER

SE PRÉSENTER
Je me présente : ...
Je m'appelle...
Moi, c'est... / Je suis...
Mon prénom / Mon nom est...

PRÉSENTER QUELQU'UN	RÉPONDRE
Je te / vous présente...	Enchanté(e).
Voici... / C'est...	Ravi(e) de faire votre connaissance.
Il / Elle s'appelle...	

2 ▶ Regardez la vidéo *Une rencontre* et remettez les phrases dans le bon ordre.

a. Je vais bien. Et toi ?
b. Salut, les filles !
c. Moi aussi. Je te présente mon amie Patricia.
d. Salut !
e. Hé, Nicolas, salut. Tu vas bien ?
f. Salut Patricia !
g. (1) Salut.

1 Je m'exprime

3 **Faites des phrases avec les expressions des encadrés de la p. 29.**

A

Gabriel (1) … , Isabelle. Tu vas bien ?
Isabelle (2) … , Gabriel. Moi, (3) … et toi ?
Gabriel Moi aussi, merci. Je (4) … ma correspondante : Laure.
Isabelle Bienvenue, Laure ! Moi, (5) … Isabelle.
Gabriel Nous sommes en retard. (6) … et (7) … .

B

Mme Vasset (8) … , Mme Roux.
Mme Roux (9) … Mme Vasset, (10) … ?
Mme Vasset Tout va bien, merci. Je (11) … mon mari, Henri.
M. Vasset Je suis ravi de faire votre connaissance.
Mme Roux (12) … , monsieur.

4 EN GROUPE **Jouez les dialogues en suivant le canevas.**

A
- À la sortie de l'école **A** rencontre **B**.
- Ils se saluent.
- **A** présente **C** (sa maman) à **B**.
- **B** et **C** se saluent. Ils se séparent.

B
- Au cours de danse, **A** se présente à **B** (un nouveau copain).
- **B** présente **C** (un ami / une amie) à **A**.
- **A** et **C** répondent à la présentation.

5 **La classe organise un échange avec un lycée international. Lisez la présentation d'Adèle. Puis faites les présentations de Maria et d'Édouard.**

Salut, moi, c'est Adèle, j'ai 17 ans et je suis lycéenne. Je suis française, mais mon père est espagnol. Je parle français et espagnol et au lycée j'étudie l'anglais et l'italien. J'aime la musique et les chats.

MARIA
Âge : 16 ans
Pays : Portugal
Profession : lycéenne
Langues : portugais, français, allemand
Passions : sport
Animaux : un chien

ÉDOUARD
Âge : 38 ans
Pays : France
Profession : professeur d'italien
Langues : français, italien, anglais
Passions : musique et cinéma
Animaux : 3 tortues

6 EN GROUPE **Présentez-vous oralement à vos camarades, puis écrivez votre présentation et ajoutez votre photo. Collez vos présentations sur une pancarte.**

25 DEMANDER ET DIRE LA DATE

Quel jour sommes-nous ?	Nous sommes lundi.
C'est quel jour, aujourd'hui ?	C'est le 1er (premier) mars.
• On est le combien ? • C'est le combien ?	• On est le 12 (mars). • C'est le 12 (mars).

7 **Trouvez les questions ou les réponses.**

1. – ... – Aujourd'hui, c'est le 24 octobre.
2. – ... – Nous sommes vendredi.
3. – On est le combien ? – ...
4. – C'est quel jour demain ? – ...
5. – Quel jour nous sommes, Paul ? – ...

8 **Observez les images et répondez.**

1. – C'est le combien ?

2. – C'est quel jour aujourd'hui ?

3. – On est le combien ?

4. – Quel jour nous sommes ?

Révisez avec le test de fin d'unité.

Où est mon sac ?

5 **Vers le DELF** **Lisez l'annonce et répondez.**

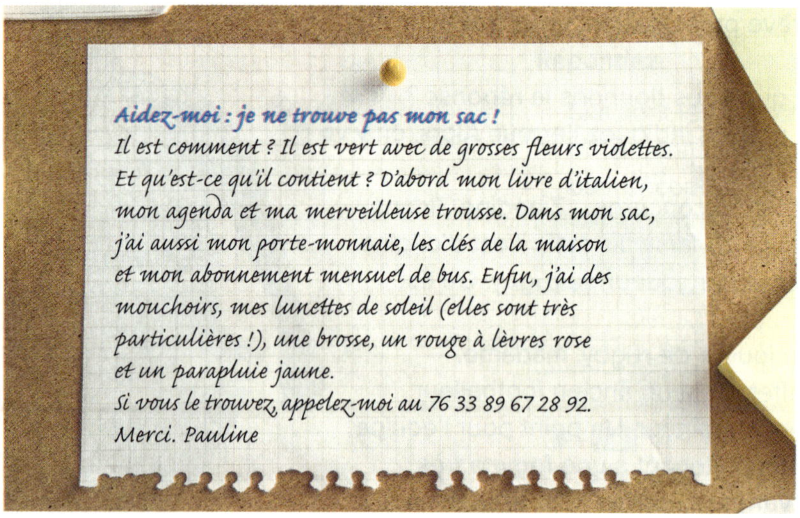

Aidez-moi : je ne trouve pas mon sac !
Il est comment ? Il est vert avec de grosses fleurs violettes. Et qu'est-ce qu'il contient ? D'abord mon livre d'italien, mon agenda et ma merveilleuse trousse. Dans mon sac, j'ai aussi mon porte-monnaie, les clés de la maison et mon abonnement mensuel de bus. Enfin, j'ai des mouchoirs, mes lunettes de soleil (elles sont très particulières !), une brosse, un rouge à lèvres rose et un parapluie jaune.
Si vous le trouvez, appelez-moi au 76 33 89 67 28 92.
Merci. Pauline

1. Comment est le sac de Pauline ?
2. Quels objets scolaires se trouvent dans son sac ?
3. Quels sont les objets typiquement féminins ?
4. Un garçon trouve le sac de Pauline. Qu'est-ce qu'il fait ?

6 ▶ 27 **Écoutez et complétez la fiche de Pauline.**

Nom ...	Nationalité ...
Prénom ...	Adresse ...
Date de naissance ...	Numéro de téléphone ...

7 **Maintenant lisez le dialogue et vérifiez.**

Au commissariat

Le policier Bonjour, mademoiselle.
Pauline Bonjour, monsieur. Je voudrais faire une déclaration de perte. Je ne trouve plus mon sac.
Le policier D'accord. Comment vous vous appelez ?
Pauline Pauline Caron.
Le policier Et quand est-ce que vous êtes née, s'il vous plaît ?
Pauline Le 3 avril 2002.
Le policier Quelle est votre nationalité ?
Pauline Je suis canadienne. Je viens de Montréal.
Le policier Et vous habitez où ici, à Avignon ?
Pauline 15, rue Racine, chez Monsieur et Madame Bernard.
Le policier Quelle est votre profession ?
Pauline Je suis danseuse et comédienne : je joue dans un spectacle du Festival.
Le policier Vous avez un numéro de portable ?
Pauline Oui. C'est le 76 33 89 67 28 92. C'est un numéro français.
Le policier D'accord. Et votre sac, il est comment ?
Pauline Euh... il est vert avec de grosses fleurs violettes et...
Le policier Attendez, mademoiselle. Voici votre sac ! Un passant l'a retrouvé.
Pauline Oh merci, merci beaucoup !
Le policier Il n'y a pas de quoi, mademoiselle. Alors, je viens vous voir au Festival...
Pauline C'est très gentil de votre part !

8 **Relevez dans le dialogue les questions que le policier pose à Pauline pour demander...**

1. son nom.
2. sa date de naissance.
3. sa nationalité.
4. son adresse.
5. sa profession.
6. son numéro de téléphone.

Mots et expressions

28 QUELQUES OBJETS

- de l'argent [*m.*]

- une brosse à cheveux

- un casque audio

- un ordinateur

- une clé

- une brosse à dents

- un parapluie

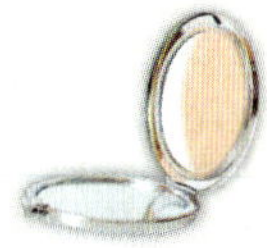

- un miroir

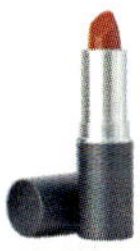

- un rouge à lèvres

- des lunettes de soleil [*f.*]

- des bonbons [*m.*]

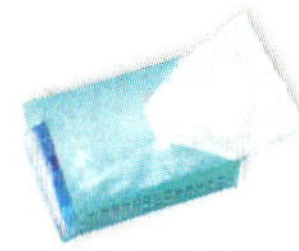

- des mouchoirs [*m.*]

- un agenda
- un appareil photo
- une clé USB
- une tablette
- un (téléphone) mobile / portable, un smartphone
- des écouteurs
- un porte-monnaie
- un ticket de métro
- un billet de train

1 **Qu'est-ce que c'est ? Observez les objets et répondez.**

0. – *Qu'est-ce que c'est ?*
   – *C'est une bouteille.*

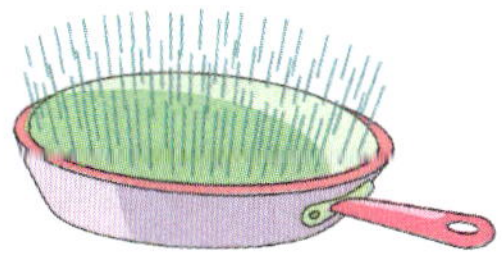

1. – …
   – …

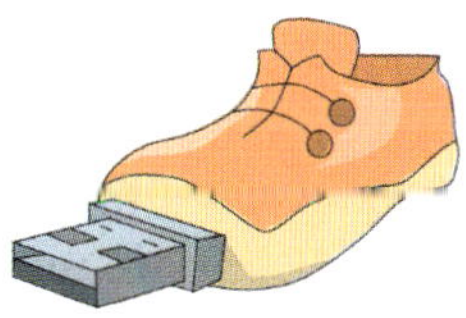

2. – …
   – …

3. – …
   – …

4. – …
   – …

5. – …
   – …

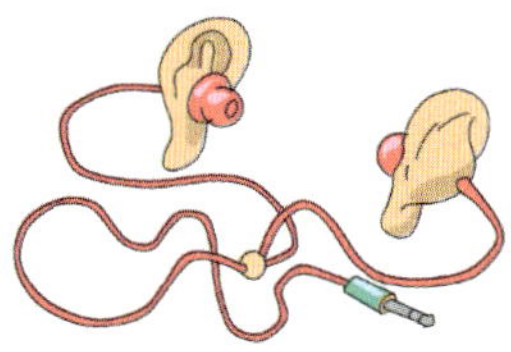

6. – …
   – …

7. – …
   – …

2 **Qu'est-ce que vous avez dans votre sac ? Écrivez cinq phrases.**

3 **À DEUX** **Créez et jouez des scènes comme celle-ci : A indique un objet et demande de quoi il s'agit. B répond. Puis échangez les rôles.**

A. *Qu'est-ce que c'est ?* B. *C'est un porte-monnaie.*

29 LES PROFESSIONS

un(e) avocat(e)

un chanteur, une chanteuse

un coiffeur, une coiffeuse

un(e) comédien(ne)

un cuisinier, une cuisinière

un(e) employé(e)

une femme de ménage

un infirmier, une infirmière

un(e) journaliste

un(e) juge / (un)e magistrat(e)

un(e) mannequin

un(e) médecin

un ouvrier, une ouvrière

un plombier, une plombière

un policier, une policière

■ un(e) professeur(e)

■ un serveur, une serveuse

■ un vendeur, une vendeuse

■ un acteur, une actrice
■ une aide à domicile / auxiliaire de vie
■ un(e) architecte
■ un(e) joueur, joueuse de tennis
■ un(e) commerçant(e)
■ un(e) enseignant(e)
■ un(e) informaticien(ne)
■ un(e) musicien(ne)
■ un(e) écrivain(e)
■ un chômeur, une chômeuse
■ un(e) retraité(e)

4 **De quelles professions il s'agit ? Observez les images et répondez.**

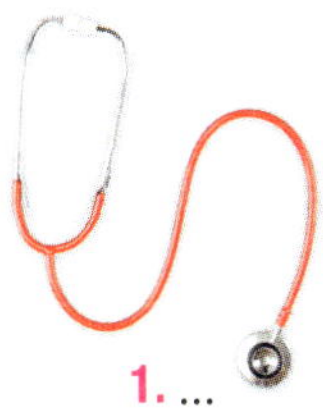

1. …

2. …

3. …

4. …

5. …

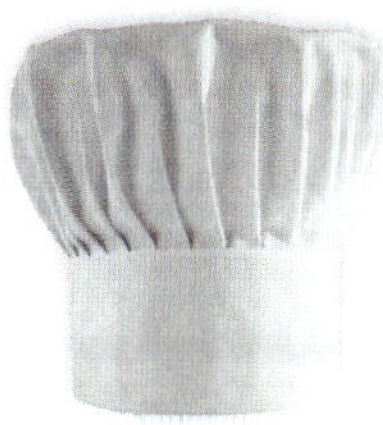

6. …

7. …

8. …

30 LA FICHE D'IDENTITÉ

■ le nom
■ le prénom
■ le sexe
■ l'âge [*m.*]
■ la date de naissance
■ le lieu de naissance
■ la nationalité
■ l'adresse [*f.*]
■ la profession
■ l'état civil : célibataire, marié(e), pacsé(e), divorcé(e), veuf / veuve

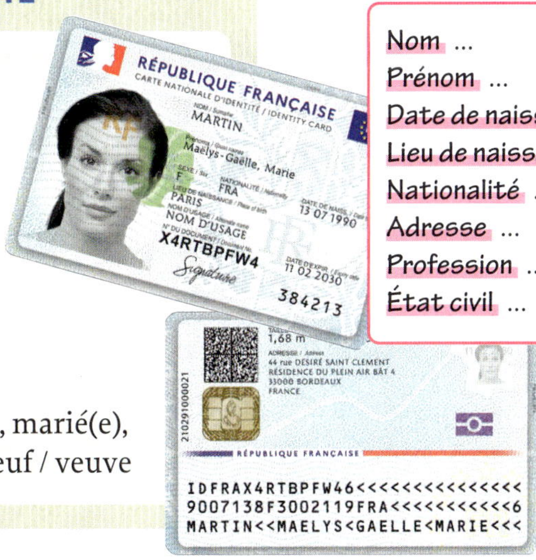

5 **Complétez votre fiche d'identité**

Nom …
Prénom …
Date de naissance …
Lieu de naissance …
Nationalité …
Adresse …
Profession …
État civil …

Grammaire

LA FORMATION DU FÉMININ (2)

La **première** présentation concerne Zinédine Zidane.

- Les adjectifs et les noms se terminant par *-er* forment leur féminin en *-**ère***:
  - *dernier* › *dernière* • *infirmier* › *infirmière*
- Pour former le féminin de certains adjectifs ou noms, on modifie la **lettre finale** du masculin et on ajoute *-e*:
  - *-c* › *-que*: *turc* › *turque*

ATTENTION ! *grec* › *grecque* • *blanc* › *blanche* • *sec* › *sèche*

- *-eau* › *-elle*: *nouveau* › *nouvelle*
- *-f* › *-ve*: *actif* › *active*
- *-x* › *-se*: *heureux* › *heureuse*

ATTENTION ! *doux* › *douce* • *faux* › *fausse* • *roux* › *rousse* • *vieux* › *vieille*

EXCEPTIONS *fou* › *folle* • *frais* › *fraîche* • *long* › *longue* • *homme* › *femme* • *garçon* › *fille*

1 Transformez au féminin.

1. un garçon jaloux → ...
2. un sportif étranger → ...
3. un époux heureux → ...
4. un policier roux → ...
5. un vieux fou → ...
6. un homme grec → ...

2 Complétez avec les mots proposés. Faites les accords nécessaires.

doux • faux • frais • long • public • vieux

1. À cette époque de l'année, les journées sont chaudes mais les nuits sont ... .
2. La liste des invités est très ... .
3. Les réponses 3 et 7 sont ... .
4. M. Dumont est le responsable des relations ... chez Renault.
5. Marion est une femme ... mais déterminée.
6. Ma télévision est ... , elle a 15 ans.

3 Transformez au masculin.

1. une infirmière chaleureuse → ...
2. une femme turque → ...
3. une ouvrière courageuse → ...
4. une passagère nerveuse → ...
5. une prisonnière agressive → ...
6. une veuve malheureuse → ...

LA PHRASE INTERROGATIVE PARTIELLE

Comment vous vous appelez ? / **Quand** est-ce que vous êtes née ? / Vous habitez **où** ?

- On utilise un **mot interrogatif** pour poser une question sur un élément particulier de la phrase :
  - le **sujet** : *qui ?*
    - ***Qui** vient avec nous ?*
  - le **complément d'objet** : *qui ?* (personne) et *que ? / quoi ?* (chose)
    - ***Qui** est-ce que vous invitez ?*
    - ***Qu'**est-ce que tu as dans ton sac ? / Tu as **quoi** dans ton sac ?*
  - le **complément indirect** (avec préposition) : prépositon + *qui ?* (personne) et préposition + *quoi ?* (chose)
    - *Ce cadeau est **pour qui** ?*
    - ***De quoi** est-ce que vous avez besoin ?*
  - le **lieu**: *où ?*
    - ***Où** vous habitez ?*
    - *Ils viennent **d'où** ?*
  - le **moment**, le **temps** : *quand ?*
    - *Ils partent **quand** ?*
  - la **façon**, la **manière** : *comment ?*
    - ***Comment** tu trouves mes nouvelles lunettes ?*
  - la **quantité** : *combien ?*
    - ***Combien** est-ce que vous mesurez ?*

ATTENTION ! combien + nom = ***combien de.***
- ***Combien d'**enfants Mme Ducros a ?*

  - la **cause** : *pourquoi ?*
    - ***Pourquoi** tu rentres à la maison ?*

ATTENTION ! Pour la réponse, on utilise ***parce que***:
- *Je rentre à la maison **parce que** je suis fatigué.*

- La **phrase interrogative** peut être formée de **trois façons** :

1	mot interrogatif + ***est-ce que*** + sujet + verbe **langage courant**
	***Où** est-ce que vous habitez ?*
2	mot interrogatif + sujet + verbe **langage familier**
	***Où** vous habitez ?*
3	sujet + verbe + mot interrogatif **langage familier**
	*Vous habitez **où** ?*

ATTENTION !
- Quand *que* est placé à la fin d'une question, il devient ***quoi***.
  - *Qu'est-ce que tu écoutes ? › Tu écoutes **quoi** ?*
- ***Pourquoi*** ne peut jamais être placé à la fin de la phrase.

4 Retrouvez les mots interrogatifs qui conviennent.

1. ... coûte ce portable ?
2. ... pense que j'ai raison ?
3. ... est-ce qu'elles pensent faire le week-end prochain ?
4. ... tu vas à l'aéroport ? En taxi ?
5. ... est-ce que vous allez ?
6. ... temps est-ce qu'il reste ici ?
7. ... est-ce que vous commencez vos examens ? Lundi ?
8. ... tu pleures ?
9. À ... est-ce qu'il pense ? À ses vacances ?

5 Trouvez les questions et posez-les de toutes les façons possibles.

0. Il habite à Nantes.
   → *Où il habite ?*
   → *Où est-ce qu'il habite ?*
   → *Il habite où ?*
1. Nous nous appelons Bob et Chloé.
2. Je travaille dans un restaurant.
3. Ils ont deux portables.
4. Elle vient de Toulouse.
5. Nous sommes 22 en classe.
6. Elles arrivent le 12 octobre.
7. Je propose de faire une pause.
8. Il marche rapidement parce qu'il est en retard.

QU'EST-CE QUE C'EST ? / QUI EST-CE ?

Qu'est-ce que c'est ?
C'est une bouteille.

- Avec ***qu'est-ce que c'est ?*** ou *c'est quoi ?* (langage familier), on pose une question sur l'identité d'une chose.
- Pour répondre, on utilise ***c'est*** (singulier) ou ***ce sont*** (pluriel) :
  - *– Qu'est-ce que c'est ? – **C'est** un ordinateur.*
  - *– Qu'est-ce que c'est ? – **Ce sont** des ordinateurs.*
- Avec ***qui est-ce ?*** ou ***qui c'est ?*** / ***c'est qui ?*** (langage familier), on pose une question sur l'identité d'une personne.
- Pour répondre, on utilise aussi ***c'est*** (singulier) ou ***ce sont*** (pluriel).
  - *– Qui est-ce ? – **C'est** la mère d'Annie.*
  - *– Qui est-ce ? – **Ce sont** Marie et Robert.*

6 **Trouvez les questions et complétez les réponses.**

0. – *Qui est-ce ?*
   – *C'est* Mika, un chanteur célèbre.
1. – ...
   – ... nos correspondants italiens.
2. – ...
   – ... une boîte de bonbons.
3. – ...
   – ... un grand architecte japonais.
4. – ...
   – ... les clés de la maison d'Hervé.
5. – ...
   – ... des tickets de métro.
6. – ...
   – ... la nouvelle prof d'anglais.
7. – ...
   – ... un appareil photo.

C'EST / IL EST (1)

C'est un ancien footballeur
et actuellement **il est** entraîneur.

- On utilise ***C'est*** / ***Ce sont*** pour **identifier** quelqu'un ou quelque chose.
- ***C'est*** / ***Ce sont*** s'utilisent avec un nom propre ou avec un nom accompagné d'un article, d'un adjectif possessif :
  - ***C'est*** *Claude.*
  - ***Ce sont*** *mes amis / mes lunettes.*
  - ***C'est*** *une journaliste compétente / une trousse.*
- Dans le langage familier, on utilise *c'est* (singulier) à la place de *ce sont*.
- La forme négative est ***ce n'est pas*** / ***ce ne sont pas***.
- On utilise ***Il est*** / ***Elle est*** / ***Ils sont*** / ***Elles sont*** :
  - avec un nom sans article qui indique une **profession**.
  - avec un adjectif qui indique **la nationalité** ou **l'état civil**.
  - ***Il est*** *journaliste. /* ***Ils sont*** *journalistes.*
  - ***Elle est*** *russe. /* ***Elles sont*** *russes.*
  - ***Il est*** *célibataire. /* ***Ils sont*** *célibataires.*

7 **Choisissez l'option correcte.**

1. Je vous présente Clément Oriol. [C'est / Il est] mon médecin.
2. M. Sanchez est magistrat. [C'est / Il est] espagnol.
3. Attention ! [Ce n'est pas / Il n'est pas] un stylo mais un crayon !
4. Le garçon grand et blond ? [C'est / Il est] Léo, mon nouveau voisin.
5. Mon frère a 28 ans et [ce n'est pas / il n'est pas] encore marié.
6. Maxime n'habite plus ici : [c'est / il est] policier à Marseille.

8 **Complétez avec *c'est*, *ce sont*, *il est*, *elle est*, *ils sont*, *elles sont*.**

1. Saliha et Gülen ? ... des élèves de seconde, ... turques.
2. – ... ingénieurs ou architectes ? – Architectes ; ... des architectes réputés.
3. – Qu'est-ce qu'il fait dans la vie ? – ... ouvrier ; ... un ouvrier spécialisé.
4. Regardez ! ... le nouveau prof d'allemand. Est-ce qu'... marié ?
5. M. Ledoyen, je vous présente M. Jermont. ... mon meilleur ami ; ... journaliste au *Figaro*.
6. – Qui est-ce ? – ... Hugo et Jade ; ... cuisiniers tous les deux.
7. ... américaine ; ... la femme du prince Harry ; c'est qui ?
8. ... Penélope Cruz ? ... espagnole ou argentine ?

9 **Répondez avec les éléments entre parenthèses.**

0. – Qui est-ce ? [Maître Gims, chanteur] – *C'est Maître Gims, il est chanteur.*
1. – Qu'est-ce qu'il fait dans la vie ? [serveur] – ...
2. – Qu'est-ce que c'est ? [des parapluies] – ...
3. – Qui est-ce ? [un avocat, belge] – ...
4. – Qui est-ce ? [des lycéens, célibataires] – ...
5. – Qu'est-ce que c'est ? [un stylo] – ...
6. – Qui est-ce ? [M. et Mme Blamont, commerçants, suisses] – ...
7. – Qui est-ce ? [Marion Cotillard, actrice, une star internationale] – ...
8. – Quelle est sa profession ? [femme de ménage] – ...

LA PHRASE NÉGATIVE (1)

Vanessa Paradis **n'**est **pas** espagnole.

- On forme la phrase négative avec :
  sujet + ***ne*** + **verbe** + ***pas***
- ***Ne*** devient ***n'*** devant une **voyelle** ou un ***h* muet** :
  - *C'est vrai.* › *Ce **n'**est pas vrai.*
- Avec les **verbes pronominaux** :
  - *Je m'appelle Marie.* › *Je **ne** m'appelle pas Marie.*

ATTENTION ! Pour répondre affirmativement à une question négative, on utilise *si* :
- *– Tu parles allemand ?*
  *– **Oui**, je parle allemand.*
- *– Tu **ne** parles **pas** allemand ?*
  *– **Si**, je parle allemand.*

10 **Transformez les phrases à la forme négative.**

0. Nous travaillons le dimanche.
   → *Nous ne travaillons pas le dimanche.*
1. Je suis satisfait de mes résultats. → ...
2. C'est un film d'aventures. → ...
3. Vous êtes M. Mongrain ? → ...
4. Nos amis arrivent demain. → ...
5. Sandra va au cinéma ce soir. → ...
6. Ce sont des acteurs très célèbres. → ...
7. Nous aimons la mer. → ...

11 **Répondez négativement et corrigez l'information avec les éléments entre parenthèses.**

0. – Est-ce que vous êtes professeurs ? [avocats]
   – *Non, nous ne sommes pas professeurs, nous sommes avocats.*
1. – Max est chinois ? [américain]
   – ...
2. – Est-ce que Julie habite à Lille ? [Orléans]
   – ...
3. – L'amie de Françoise est née au Québec ? [Mali]
   – ...
4. – Ils parlent portugais ? [japonais]
   – ...
5. – Est-ce qu'elle aime Marc ? [Julien]
   – ...
6. – Il travaille chez Citroën ? [Renault]
   – ...

12 Complétez avec *oui*, *si* ou *non*.

1. – Est-ce que tu regardes la télé ?
   – ... , j'aime les films.
2. – C'est ta trousse ?
   – ... , ce n'est pas ma trousse.
3. – Ton frère a 14 ans ?
   – ... , il a 14 ans.
4. – Ton professeur n'est pas français ?
   – ... , il est français.
5. – Son sac est vert ?
   – ... , il est rouge.
6. – Elle ne s'appelle pas Thérèse ?
   – ... , Thérèse est son prénom.

LES VERBES *ALLER* ET *VENIR*

aller	venir
je vais	je viens
tu vas	tu viens
il / elle va	il / elle vient
nous allons	nous venons
vous allez	vous venez
ils / elles vont	ils / elles viennent

- *Devenir, intervenir, se souvenir* et tous les verbes composés du verbe *venir* se conjuguent comme *venir.*
- *Appartenir, contenir, obtenir* et tous les verbes composés du verbe *tenir* se conjuguent sur le même modèle que *venir.*

13 Conjuguez les verbes entre parenthèses au présent de l'indicatif.

1. Je ... [aller] au concert des Boomdabash ; tu ... [venir] avec moi ?
2. Aux Jeux Olympiques, les gagnants ... [obtenir] la médaille d'or.
3. Mes copines ... [aller] en vacances à Cuba.
4. Il ... [venir] d'un pays lointain : le Japon.
5. Tu ... [aller] au lycée en bus ou à pied ?
6. Vous ... [devenir] de plus en plus arrogants !

14 Corrigez les erreurs.

1. Alice ne vait pas à l'école aujourd'hui.
2. Dao et Kim venent d'un pays lointain : le Vietnam.
3. Dimanche, je vas à Lille.
4. Je vien de Palerme et toi ?
5. Léo et Antoine allent manger au restaurant.
6. Nous vennons pas de Bologne, mais de Parme.
7. Pourquoi tu ne viennes pas avec nous ?
8. Quand est-ce que tu vais à Florence ?

Phonétique

L'ÉLISION

- L'***élision*** c'est la **suppression d'une voyelle à la fin d'un mot** devant un mot qui commence par une **voyelle** ou un ***h* muet**.
- L'*élision* est **obligatoire** avec *le, la, ce, je, me, te, se, de, ne, que* :
  l'éléphant • *je m'appelle* • *c'est Paul* • *elle n'arrive pas*

Communication

31 LES FORMULES DE POLITESSE

Excuse-moi... / Excusez-moi...	Bienvenue !
Pardon.	Avec plaisir.
Je voudrais...	
• S'il te plaît. • S'il vous plaît.	
• C'est très gentil de ta part. • C'est très gentil de votre part.	Je t'en prie. / Je vous en prie.
Merci. / Merci beaucoup. / Merci bien.	Il n'y a pas de quoi.
• Je te remercie. • Je vous remercie.	De rien.

1 32 **À Avignon, des lycéens italiens rencontrent leurs correspondants et leurs professeurs français. Écoutez et répondez vrai ou faux.**

1. Le professeur qui parle est italien.
2. Martina n'est pas contente de sa correspondante.
3. Gabriele n'est pas italien.
4. Gabriele veut parler espagnol avec son correspondant.
5. Le professeur ne permet pas à Gabriele de parler espagnol.
6. Joëlle est la correspondante de Letizia.

2 **Maintenant lisez le dialogue et trouvez les formules de politesse.**

À Avignon

Le professeur Bienvenue à tous ! Je m'appelle Pascal Petit et je suis professeur d'italien. Voici les paires de correspondants. Martina Rossi, qui est-ce ?

Martina C'est moi.

Le professeur Enchanté, Martina. Ta correspondante s'appelle Nadine Simon, elle a 14 ans et elle adore les chats.

Martina Merci, monsieur ! Je suis très contente, parce que moi aussi j'aime les chats.

Le professeur Et maintenant, j'appelle Gabriele Chalco. Tu es italien, Gabriele ?

Gabriele Oui, je suis né à Florence, mais mon père est péruvien.

Le professeur Ah, d'accord. Ton correspondant s'appelle Maxime Perez et son père est d'origine espagnole.

Gabriele Super ! Excusez-moi, monsieur, je peux parler espagnol avec lui ?

Le professeur Oui, mais tu parles aussi en français, d'accord ?

Gabriele Oui, monsieur. Je vous remercie.

Le professeur Il n'y a pas de quoi. Continuons... Letizia Devoti, qui est-ce ?

Letizia Pardon, monsieur, mon nom est Devoto.

Le professeur Excuse-moi, Letizia.

Letizia Ce n'est pas grave. Moi, je sais déjà qui est ma correspondante : elle s'appelle Joëlle, elle a 15 ans et elle a deux sœurs.

Le professeur Bravo ! Alors j'appelle l'élève suivant : Marcello Parri !

3 Qu'est-ce que vous dites à...

1. un ami pour répondre à un compliment ?
2. votre professeur pour lui demander un service ?
3. votre maman pour répondre à son « merci » ?
4. votre voisine qui s'occupe de votre chat pendant les vacances ?
5. votre correspondante française qui arrive dans votre lycée ?
6. une amie pour accepter son invitation ?

33 DEMANDER DES INFORMATIONS PERSONNELLES

TUTOYER	VOUVOYER
Tu t'appelles comment ?	Vous vous appelez comment ?
Quel est ton nom ?	Quel est votre nom ?
Tu as quel âge ?	Vous avez quel âge ?
Quand est-ce que tu es né(e) ?	Quand est-ce que vous êtes né(e) ?
Quelle est ta date de naissance ?	Quelle est votre date de naissance ?
Quelle est ta nationalité ?	Quelle est votre nationalité ?
D'où est-ce que tu viens ?	D'où est-ce que vous venez ?
Où est-ce que tu habites ?	Où est-ce que vous habitez ?
Quelle est ton adresse / e-mail ?	Quelle est votre adresse / e-mail ?
Quel est ton numéro de téléphone ?	Quel est votre numéro de téléphone ?
Quelle est ta profession ?	Quelle est votre profession ?
Qu'est-ce que tu fais (dans la vie) ?	Qu'est-ce que vous faites (dans la vie) ?
Est-ce que tu es marié(e) / célibataire ?	Est-ce que vous êtes marié(e) / célibataire ?

4 Regardez la vidéo *C'est qui ?* et répondez vrai ou faux.

1. Annette et Patricia écoutent une chanson de Mika.
2. Patricia trouve que Mika est joli.
3. Paul Van Haver est un chanteur allemand.
4. Paul Van Haver est le vrai nom de Mika.
5. Stromae est belge.

5 Trouvez les questions et écrivez-les (utilisez *vous*).

1. – ... ?
   – À Saint-Malo.
2. – ... ?
   – Je ne travaille plus : je suis retraité.
3. – ... ?
   – vinc92@framél.fra
4. – ... ?
   – Non, je suis marié.
5. – ... ?
   – 57 ans.
6. – ... ?
   – Grecque.

6 **À DEUX** **Vers le DELF** **Aidez votre camarade à remplir cette fiche d'inscription à un cours de français. Demandez-lui les informations nécessaires et écrivez les réponses dans votre cahier.**

Fiche d'inscription au cours de français

Nom :	...			
Prénom :	...			
Adresse :	...			
Téléphone :	...			
E-mail :	...			
Jours souhaités :	...			
Horaires souhaités :	9h-11h	11h-13h	15h-17h	18h-20h

7 **À DEUX** **Renseignez-vous sur l'un des chanteurs suivants, puis imaginez et jouez les interviews.**

Interviewer : *Quel est ton vrai nom ?*
Maître Gims : *Je m'appelle Gandhi Djuna.*

Maître Gims

Soprano

Louane

Stromae

8 **Lisez la biographie de Tahar Ben Jelloun et complétez sa fiche.**

C'est un écrivain franco-marocain. Il est né en 1944 à Fès. Il étudie la philosophie à Rabat. Il commence à écrire à l'âge de 22 ans. Il enseigne ensuite la philosophie dans des lycées à Tétouan, puis à Casablanca. Il est aussi journaliste, peintre et poète. En 1971, il va à Paris pour étudier la sociologie. En 1987, il gagne le Prix Goncourt pour son roman *La Nuit sacrée*. Il est marié et il a quatre enfants.

Prénom Tahar
Nom ...
Lieu de naissance ...
Date de naissance ...
Nationalité ...
Profession ...
État civil ...
Passions ...

9 **EN GROUPE** **Un élève tiré au sort choisit un personnage célèbre à interpréter. Pour deviner de qui il s'agit, ses camarades lui posent des questions en utilisant *vous* (*D'où est-ce que vous venez ?*). L'élève qui devine choisit à son tour un personnage ; les autres lui posent des questions en utilisant *tu* (*Tu as quel âge ?*).**

Révisez avec le test de fin d'unité.

Coups de cœur • Épisode 1

1 **Regardez les images ci-contre. Combien de filles vous voyez ? Combien de garçons ? Où sont-ils ?**

2 **Regardez toute la vidéo sans le son et choisissez la bonne réponse.**

1. Observez les personnages. Ils ont quel âge, selon vous ?
   a. 15-20 ans.
   b. 20-25 ans.
   c. 25-30 ans.
2. Où sont-ils ?
   a. À la maison et dans la rue.
   b. À la maison, devant l'école et en classe.
   c. Dans un appartement et au collège.
3. Quels objets vous voyez ? (plusieurs réponses possibles)
   a. Un casque audio.
   b. Un smartphone.
   c. Un sac à dos.
   d. Un porte-monnaie.
   e. Une brosse à cheveux.
   f. Une brosse à dents.
   g. De l'argent.
   h. Un rouge à lèvres.
   i. Des bonbons.
   j. Des lunettes.
   k. Des mouchoirs.
   l. Un parapluie.
   m. Une clé.
   n. Un miroir.

3 **Comment s'appellent les personnages ?**

Les deux filles s'appellent (1) ... et (2) ... .
Les deux garçons s'appellent (3) ... et (4) ... .

4 **Regardez toute la vidéo avec le son et répondez vrai ou faux.**

1. Léa aime porter des foulards.
2. Adam prépare son matériel scolaire.
3. Léa est amoureuse d'Adam.
4. Adam aime les bonbons.
5. Adam salue Léa.
6. Khalil adore jouer au foot.
7. Khalil ne passe pas beaucoup de temps à s'entraîner.
8. Une fille de la classe trouve Khalil très beau.

5 **Au début, Adam prépare son sac pour la rentrée. Trouvez les objets que vous voyez dans la vidéo, et faites la liste de tout ce qu'il emporte au lycée.**

0.

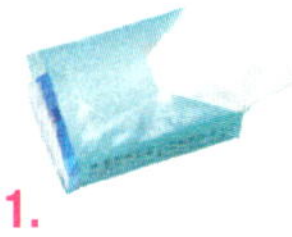
1.

2.

3.

deux gommes, ...
...
...

4.

5.

6.

7.

8.

9.

10.

11.

6 **Regardez la séquence [3:40-4:29]. Complétez.**

1. Le garçon là-bas... ... super mignon ! Qui ... ?
2. ... Khalil.
3. Il est d'origine ... ou ... ou ... .
4. ... très sympa.
5. ... redoublant. [...] Le foot, ... sa priorité.

7 **Regardez encore une fois la séquence [3:40-4:29] et trouvez à quel personnage (Léa ou Chloé) correspondent les phrases. Puis mettez-les dans le bon ordre.**

a. ... Comment ?
b. ... Qui ? Lui ? Je le connais un peu. Il s'appelle Khalil.
c. ... C'est peut-être parce qu'il est très sportif et qu'il passe beaucoup de temps à s'entraîner... Je crois que le foot, c'est sa priorité !
d. ... Khalil, K-H-A-L-I-L. Il est d'origine tunisienne ou marocaine ou algérienne... Je ne sais plus. Il est très sympa. Il est dans notre classe maintenant. C'est un redoublant.
e. ... Waouh ! Le garçon là-bas... Il est super mignon ! Qui c'est ?
f. ... Pourquoi il redouble ?

8 **À DEUX** **Jouez maintenant le dialogue entre Chloé et Léa.**

9 **Après avoir regardé le premier épisode, observez les images de la page précédente et choisissez le(s) titre(s) qui convien(nen)t ou inventez un autre titre.**

1. Les grandes vacances
2. On est lundi
3. C'est la rentrée !
4. Histoires d'ados
5. La folle histoire
6. Le secret
7. Les irresponsables
8. Amour et disputes
9. Dragons et princesses
10. Salut ! Ça va ?

10 **Qu'est-ce qu'il se passe après, selon vous ?**

3

Portraits

1 À VOUS !
Répondez.

1. Vous avez…
   a. les cheveux longs. b. les cheveux courts.
2. Vous préférez…
   a. les blond(e)s. b. les brun(e)s.
3. Vous êtes…
   a. optimiste. b. pessimiste.

2 **Associez ces descriptions aux photos ci-contre.**

1. Il est grand et musclé. Il a les cheveux châtains et très courts.
2. Elle est grande et mince. Elle porte des lunettes et elle est toujours souriante.
3. Elle est petite et ronde. Elle a de longs cheveux roux.
4. Il est de taille moyenne et fort. Il porte une barbe et une moustache.

Un casting

3 Vers le DELF **Lisez l'annonce et répondez vrai ou faux.**

Un adolescent et deux femmes pour un court-métrage
Date de publication : 10/06
Pour un film publicitaire nous recherchons :
- une femme de 45/48 ans, avec des cheveux raides, noirs ou bruns ; c'est une femme ambitieuse, fière, calculatrice et sportive
- une jeune femme de 18/19 ans, rousse, aux yeux bleus ou verts ; rêveuse, réservée et taciturne
- un garçon de 15/16 ans, avec des cheveux blonds bouclés ; le personnage est bavard, exubérant et impulsif

CASTING VENDREDI 6 JUILLET, À 10 HEURES
Contact : moviecast@gamail.com

1. L'agence de casting recherche un garçon et une fille de 15/16 ans.
2. La couleur des cheveux n'est pas précisée.
3. La femme doit avoir l'air déterminée.
4. La taille de l'ado n'est pas indiquée.
5. La jeune femme et le garçon ont des caractères opposés.
6. Le casting s'effectue l'après-midi.

4 34 **Vers le DELF** **Écoutez et répondez.**

1. Comment réagissent Mélissa et Léon vis-à-vis de l'annonce du casting ?
2. Pourquoi Léon n'est pas disponible l'après-midi ?
3. Pourquoi Léon n'appelle pas sa tante tout de suite ?

5 **Maintenant lisez le dialogue et expliquez pourquoi Mélissa et Léon répondent aux critères de l'annonce.**

Mélissa Regarde, Léon, il y a une annonce pour un casting ! Moi, j'y vais : je suis rousse et j'ai les yeux verts. Tu viens, toi aussi ?
Léon Moi ? Tu es folle !
Mélissa Allez, Léon ! Tu as les cheveux blonds, tu n'arrêtes pas de parler, tu es extraverti et tu aimes être au centre de l'attention… C'est toi !
Léon Tu n'es pas drôle, tu sais ? Toi alors, tu as tout le temps la tête dans les nuages et tu as souvent l'air malheureuse !
Mélissa Oh là là, Léon ! Tu réagis mal ! Je pense vraiment que ce casting est fait pour nous !
Léon Et c'est quand ?
Mélissa Le 6 juillet.
Léon À quelle heure ? Le mardi après-midi je vais à la gym.
Mélissa C'est à 10 heures.
Léon En effet, ça peut être amusant…
Mélissa Et pour le rôle de la femme, pourquoi tu ne demandes pas à ta tante Nadine ? La description, c'est son portrait !
Léon Tante Nadine lit tous les journaux régionaux et je suis sûr qu'elle a vu l'annonce. Mais je l'appelle. Il est quelle heure maintenant ?
Mélissa Il est deux heures et demie.
Léon Alors non : de deux heures à sept heures elle est au travail, avec mon oncle. Je l'appelle ce soir.

Le Petit Spirou

6 **Lisez le début du scénario du film *Le Petit Spirou*. Puis trouvez les caractéristiques physiques des personnages et les éléments qui présentent leurs caractères.**

0A **EXTÉRIEUR – RUE ABANDONNÉE – JOUR**
Il y a quatre enfants de 8-9 ans : CASSIUS (métis, blagueur) sur un vélo « cross », PONCHELOT (rond, naïf) sur un vélo trop petit pour lui, VERTIGNASSE (petites lunettes, cheveux courts) sur un vélo de fille et enfin PETIT SPIROU (roux, vif) sur un vélo trois roues. Chacun tire un cerf-volant.

0B **INTÉRIEUR – COULOIR ÉCOLE – JOUR**
Petit Spirou et sa bande marchent dans un couloir de l'école comme une bande de cow-boys.

0C **INTÉRIEUR – BUREAU MÉGOT – JOUR**
Les enfants, en maillots et bonnets de bain, se dirigent en file indienne vers la piscine. Ils passent devant le bureau de MONSIEUR MÉGOT (prof de sport, 40 ans, mal rasé, vieux survêtement, cigarette électronique autour du cou) qui les appelle de sa voix rauque de fumeur. […] Il se tourne vers ÉLÉONORE (lunettes et tresses, la première de la classe).

Adapté de *docplayer.fr/71404744-Un-scenario-de-laurent-turner-nicolas-bary.html*

7 ▶ 35 VERS LE DELF **Écoutez les indications du réalisateur et répondez vrai ou faux.**

1. Le réalisateur donne des indications aux acteurs.
2. Timothée est dans la cour de l'école.
3. Timothée ne réagit pas quand Mme Chiffre l'appelle.
4. Au début de la deuxième scène, la demoiselle aux lunettes est dans un café.
5. Après, elle lit des journaux.
6. Dans la deuxième scène, il y a trois personnages.

OBSERVEZ

- Bonjour, monsieur / madame / mademoiselle
- Monsieur Mégot / Madamc Chiffre / Mademoiselle Simon
- Un monsieur / une dame / une demoiselle

8 **Lisez les indications pour la scène numéro trois et associez les noms des personnages au numéro qui correspond à leur place.**

Le réalisateur — Tout le monde est là ? Parfait ! Alors, au début de la scène, Monsieur Mégot se trouve à l'entrée du parc, puis il se dirige lentement vers la demoiselle aux lunettes, qui est assise sur un banc. Elle a manifestement peur des corbeaux. Les enfants assistent à la scène : Petit Spirou est sous le banc, Cassius et Vertignasse s'éloignent rapidement de l'aire de jeux et vont derrière la fontaine qui se trouve au milieu du jardin, et Ponchelot est caché entre les deux arbres. Quelqu'un a pensé aux oiseaux ? Et vous, mademoiselle, où sont vos lunettes ?

9 **GRAMMAIRE**

1. Retrouvez les articles contractés dans le texte de l'exercice 8.
   a. l'entrée ... parc
   b. elle a peur ... corbeaux
   c. la fontaine se trouve ... milieu du jardin
   d. Quelqu'un a pensé ... oiseaux ?
2. Les articles contractés se forment à partir d'une préposition et d'un article défini.
   a. *au* = *à* + ... b. *aux* = ... + ... c. *du* = ... + ... d. *des* = ... + ...
3. Les articles *la* et *l'* se contractent après *à* ou *de* ?
   a. Oui. b. Non.

→ Les articles contractés, p. 58

Mots et expressions

36 L'ASPECT PHYSIQUE

LA TAILLE ET LA SILHOUETTE

- gros(se)
- fort(e)
- mince

- petit(e)
- grand(e)
- de taille moyenne
- musclé(e)
- costaud(e)
- rond(e)
- rondelet(te)

LE VISAGE

1. les cheveux [*m.*]
2. l'oreille [*f.*]
3. le front
4. le sourcil
5. les cils [*m.*]
6. l'œil [*m.*], les yeux
7. la joue
8. le nez
9. la bouche
10. les dents [*f.*]
11. le menton

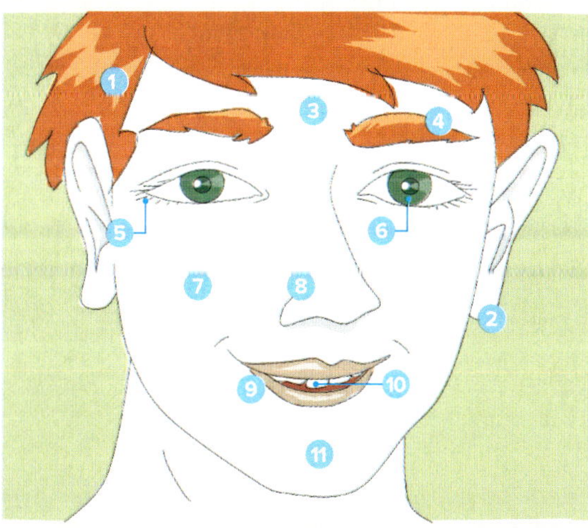

- ovale
- rond
- allongé
- carré

- une barbe
- une moustache
- un bouc

LES CHEVEUX

- noirs
- bruns
- châtains
- roux
- blonds
- gris
- blancs

- chauve
- longs
- mi-longs
- courts
- raides
- bouclés
- frisés

- attachés ≠ détachés

- une queue de cheval
- une tresse
- un chignon
- une frange

LES YEUX

- noirs
- marron [*invar.*]
- noisette [*invar.*]
- verts
- bleus

LE NEZ

- petit
- grand
- long
- gros
- fin

3 Je fais le point

1 Complétez la grille de mots croisés.

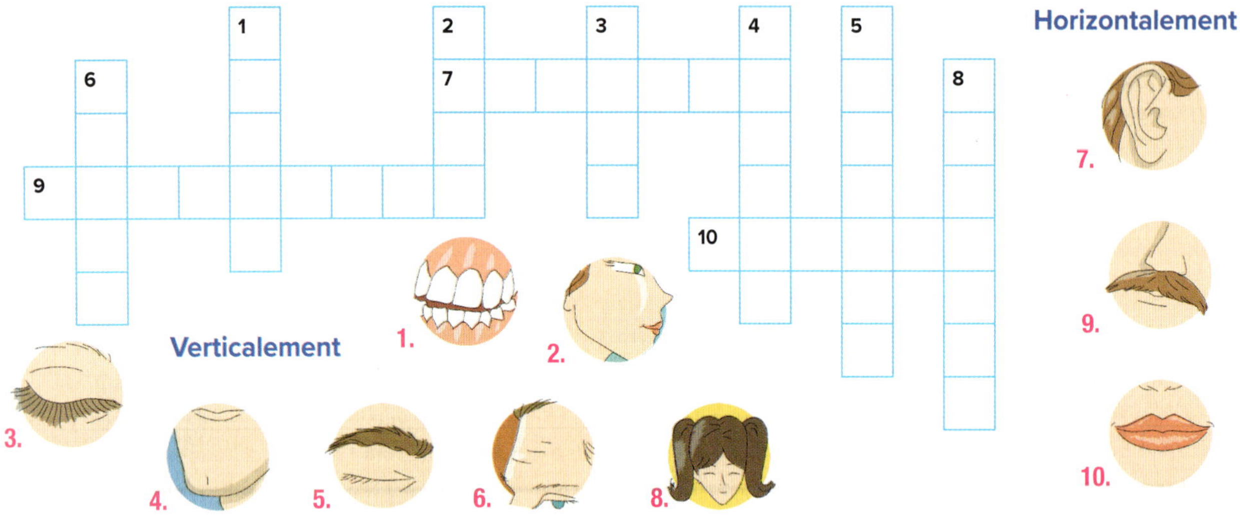

2 Décrivez le visage de ces personnes.

1

2

3 Décrivez l'aspect physique de ces personnes.

1. 2. 3.

37 LE CARACTÈRE ET LES ÉTATS D'ÂME

- aimable, agréable ≠ désagréable
- attentif(-ve) ≠ distrait(e)
- bavard(e) ≠ taciturne
- calme ≠ nerveux(-se), énervé(e)
- courageux(-se) ≠ peureux(-se)
- curieux(-se) ≠ indifférent(e)
- doux(-ce) ≠ agressif(-ve)
- exubérant(e) ≠ réservé(e)
- généreux(-se) ≠ égoïste
- gentil(-le) ≠ méchant(e)
- joyeux(-se), gai(e) ≠ triste, malheureux(-se)
- modeste ≠ fier(-ère)
- optimiste ≠ pessimiste
- ouvert(e), extraverti(e) ≠ timide
- poli(e) ≠ arrogant(e)
- réaliste ≠ rêveur(-se)
- réfléchi(e) ≠ impulsif(-ve)
- sérieux(-se) ≠ amusant(e), drôle
- sincère ≠ menteur(-se)
- sociable ≠ solitaire
- studieux(-se) / travailleur(-se) ≠ paresseux(-se)
- sympathique ≠ antipathique
- têtu(e) ≠ souple / obéissant(e)

LE FRANÇAIS QUI SE CAUSE

- cool sympathique, décontracté
- rigolo(te) / marrant(e) amusant(e)
- moche laid(e)
- trouillard(e) peureux(-se)
- beau mec joli garçon
- être tête en l'air être distrait(e)

4 **Quel est le caractère ou l'état d'âme de ces personnes ? Trouvez la bonne réponse.**

1
a. courageuse
b. agressive
c. nerveuse

2
a. aimable
b. drôle
c. sérieux

3
a. malheureuse
b. sympathique
c. bavard

4
a. sociable
b. joyeux
c. antipathique

5
a. distrait
b. poli
c. studieux

6
a. ouverte
b. indifférente
c. timide

5 **Complétez avec les adjectifs proposés. Attention : il y a quatre intrus.**

ambitieux • capricieux • cultivé • curieux • exigeant • grossier • indépendant • jaloux • naïf • tolérant

1. Il est mal élevé et vulgaire, il est … .
2. Il est très possessif, il est … de sa femme.
3. Il aime la liberté et il ne dépend de personne, il est … .
4. Il veut tout savoir, il est … .
5. Il possède une bonne culture générale, il est … .
6. Il croit tout ce qu'on raconte, il est … .

6 EN GROUPE **Trouvez le contraire des adjectifs proposés dans l'exercice 5 et formez des phrases. Au besoin, utilisez un dictionnaire.**

7 **Trouvez cinq caractéristiques qui qualifient…**

1. une bonne professeure.
2. un mauvais professeur.
3. un véritable ami.
4. un bon parent.
5. une mauvaise élève.
6. une voisine insupportable.

38 LES PRÉPOSITIONS DE LIEU (1)

- aller à...
- venir de...
- être placé en...
- être situé parmi...
- se trouver chez...
- se diriger vers...

- au-dessus de
- devant
- sur
- derrière
- dans
- contre
- entre
- au-dessous de
- sous

8 Observez les dessins et dites où se trouve le ballon par rapport à la boîte.

0. Le ballon est sur la boîte.

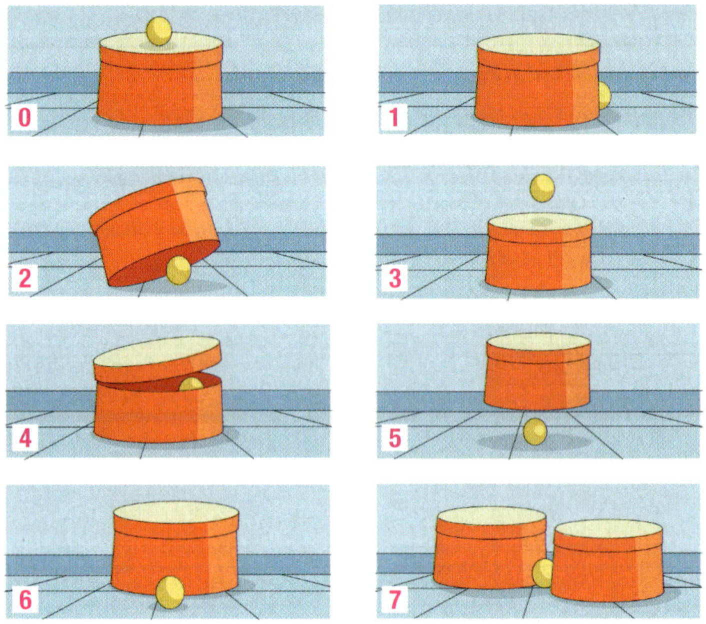

39 LA FAMILLE (2)

- les grands-parents : le grand-père et la grand-mère (*familier* : papy et mamie)
- les petits-enfants : le petit-fils et la petite-fille
- l'oncle et la tante (*familier* : tonton et tata, tatie)
- le neveu et la nièce
- le cousin et la cousine
- le mari et la femme
- la belle-famille
- les beaux-parents : le beau-père et la belle-mère
- les beaux-enfants : le beau-fils (ou le gendre) et la belle-fille (ou la bru)
- le beau-frère et la belle-sœur
- le parrain et la marraine

9 Observez l'arbre généalogique et complétez les phrases avec le lien de parenté.

1. Annie est ... de Kim et Édouard.
2. Benjamin est ... de Pierre.
3. Édouard est ... de Sandra.
4. Julie a trois ... .
5. Paul et Zoé sont ... d'Édouard.
6. Kim est ... d'Annie.
7. Simon, Nora et Benjamin sont les ... d'Annie.
8. Julie est ... de Pierre.
9. Zoé est ... d'Annie.
10. Kim est ... de Pierre et Julie.

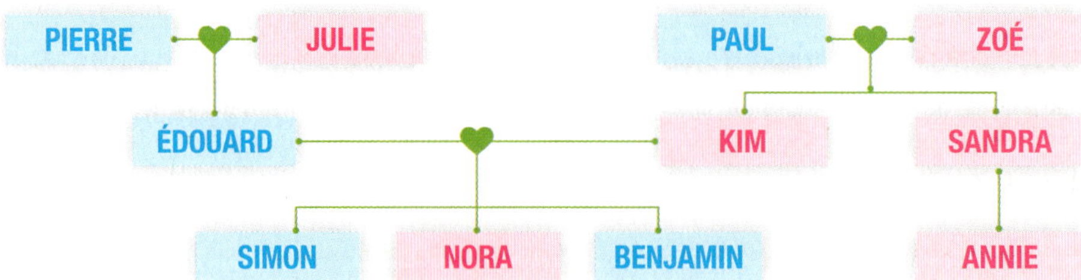

Grammaire

LA FORMATION DU FÉMININ (3)

C'est une femme ambitieuse.

- Les noms et les adjectifs qui se terminent par *-eur* font leur féminin en *-euse* :
  - *danseur* › *danseuse* • *vendeur* › *vendeuse*

EXCEPTIONS *professeur(e)* • *auteur(e)* • *meilleur(e)* • *antérieur(e)* • *extérieur(e)* • *inférieur(e)* • *intérieur(e)* • *majeur(e)* • *mineur(e)* • *postérieur(e)* • *supérieur(e)* • *ultérieur(e)*

- Les noms et les adjectifs qui se terminent par *-teur* font leur féminin en *-teuse*, ou en *-trice* :
  - *-teur* › *-teuse* : *chanteur* › *chanteuse* (verbe *chant-er*) • *menteur* › *menteuse* (verbe *ment-ir*)
  - *-teur* › *-trice* : *acteur* › *actrice* • *directeur* › *directrice*
- Certains mots changent au féminin :
  - *homme* › *femme*
  - *garçon* › *fille*
  - *mâle* › *femelle*
  - *frère* › *sœur* etc.

1 **Transformez au féminin.**

1. un chanteur prometteur.
2. un garçon rêveur.
3. un jeune travailleur.
4. un lecteur passionné.
5. un collaborateur précieux.
6. un professeur sévère.

LA FORMATION DU PLURIEL (2)

J'ai les yeux verts.

- Les noms et les adjectifs qui se terminent par *-au*, *-eau*, *-eu* font leur pluriel en *-x* :
  - *joyau* › *joyaux*
  - *nouveau* › *nouveaux*
  - *cheveu* › *cheveux*

EXCEPTIONS *bleu(s)* • *pneu(s)*

- Les noms et les adjectifs qui se terminent par *-ou* prennent un *-s*:
  - *fou* › *fous*

EXCEPTIONS *bijou(x)* • *caillou(x)* • *chou(x)* • *genou(x)* • *hibou(x)* • *joujou(x)* • *pou(x)*

- Les noms et les adjectifs qui se terminent par *-l* font leur pluriel en *-s* (pluriel régulier) comme *naturels, fauteuils...*
  Mais les noms et les adjectifs qui se terminent par *-al* font leur pluriel en *-aux*:
  - *journal* › *journaux* • *original* › *originaux*

ATTENTION ! *bal(s)* • *carnaval(s)* • *festival(s)*

EXCEPTIONS *travail* › *travaux* • *œil* › *yeux*

- Certains mots changent au pluriel :
  monsieur › *messieurs* • *madame* › *mesdames* • *mademoiselle* › *mesdemoiselles*

2 **Transformez au pluriel.**

1. un accueil amical
2. un bijou royal
3. un gâteau tropical
4. un monsieur incivil
5. un œil bleu
6. un travail personnel

IL Y A

Il y a quatre enfants de 8-9 ans.

- On utilise ***il y a*** avec un nom commun, pour décrire.
  - ***Il y a*** *un stylo sur la table.*
- La **forme négative** est ***il n'y a pas***.
- Avec les **noms de personnes**, on utilise ***être là***.
  - *– Sophie **est là** ?*
    *– Non, elle **n'est pas là**, elle est absente.*

ATTENTION ! Il ne faut pas confondre *il y a* avec *c'est* :
– ***il y a*** indique la présence de quelqu'un ou de quelque chose : ***Il y a*** *un oiseau dans le parc.*
– ***c'est*** identifie ou présente quelqu'un ou quelque chose : ***C'est*** *un oiseau bleu et rouge.*

3 **Complétez avec *c'est*, *il y a* ou *être là* (à conjuguer).**

1. L'autoroute est bloquée : ... un accident.
2. Le beau-père d'Yvonne ? ... un spécialiste de l'art moderne.
3. Combien de filles et de garçons ... dans ta classe ?
4. Est-ce qu'Anaïs et Dylan ... ? Je voudrais les voir.
5. M. Dumont ... mais il ne peut pas vous recevoir.
6. Papa, ... une dame à la porte qui voudrait te parler.

LES ARTICLES CONTRACTÉS

Tu montes **au** premier étage.

- Quand les articles définis ***le*** et ***les*** sont après les prépositions ***à*** et ***de***, ils se contractent.

à + le → au	à + les → aux
*Je vais **au** lycée.*	*Elle pense **aux** examens.*

de + le → du	de + les → des
*Il vient **du** cinéma.*	*J'ai la passion **des** langues.*

- ***À la***, ***à l'***, ***de la*** et ***de l'*** ne se contractent jamais :
  - *aller **à la** mer*
  - *venir **de la** gare*
  - *répondre **à l'**appel*
  - *le nom **de l'**équipe*

4 **Choisissez.**

1. Je voudrais parler [à / aux / au] responsable [des / de la / du] opérations.
2. Nous envoyons un e-mail [à / à la / de la] cousine et [à / aux / des] beaux-parents de Xavier.
3. Qu'est-ce que tu penses [de la / de / du] nouvelle coupe de cheveux d'Isa ?
4. Tu as le numéro de téléphone [des / de / du] service commercial d'Air France ?
5. Je parle [des / du / de] nos problèmes [à la / à / aux] Mme Poncet.
6. Quelle est la capitale [de l' / du / d'] Iran ?
7. Vous accompagnez Yuko [aux / au / à l'] aéroport ?

5 **Complétez avec les articles contractés ou les prépositions simples.**

1. Ce graphique montre l'évolution ... températures ... 2015 ... 2020.
2. J'aime la couleur ... yeux ... Mme Palmier.
3. Ma belle-sœur travaille ... Ministère ... Affaires étrangères et s'occupe ... francophonie.
4. Ce musée est consacré ... histoire ... cinéma.
5. Nathalie a peur ... chien ... mes voisins.
6. ... supermarché Prifou il y a une réduction ... 5 % sur tous les produits.
7. Tu préfères la fille ... cheveux détachés ou la fille ... queue de cheval ?
8. Je cherche sur Internet le nom ... capitaine ... équipe de Lyon.

LES VERBES DU 2e GROUPE

- Le deuxième groupe comprend les verbes qui se terminent à l'infinitif par *-ir*. Ces verbes sont **réguliers** car leur radical ne change pas.
- Au présent, on ajoute les **terminaisons suivantes après le radical** : *-is* / *-is* / *-it* / *-issons* / *-issez* / *-issent*.

finir	obéir
je finis	j'obéis
tu finis	tu obéis
il / elle finit	il / elle obéit
nous finissons	nous obéissons
vous finissez	vous obéissez
ils / elles finissent	ils / elles obéissent

ATTENTION ! Certains verbes finissant en *-ir* ne suivent pas cette conjugaison ; ils se conjuguent de manière **irrégulière** et appartiennent au troisième groupe : *venir, tenir, sortir, partir, mentir, sentir, dormir, servir, mourir, courir, ouvrir, offrir, souffrir, accueillir.*

6 **Complétez avec les terminaisons qui conviennent.**

1. elle gross...
2. vous chois...
3. j'ag...
4. elles réfléch...
5. il obé...
6. ils vieill...
7. tu maigr...
8. nous réuss...
9. elles applaud...

7 **Conjuguez les verbes entre parenthèses au présent de l'indicatif.**

1. Avec un bon maquillage, vous ne ... [vieillir] pas.
2. Les ministres ne ... [réussir] pas à trouver un accord.
3. Marion ne ... [réfléchir] jamais avant de parler !
4. Moi, j' ... [obéir] toujours aux professeurs !
5. Nous ... [finir] notre travail.
6. Pourquoi tu ... [rougir] quand Benoît te regarde ?
7. Les enfants ... [grandir] trop vite.
8. Vous ... [choisir] quelles couleurs ?
9. Elles ... [applaudir] les chanteurs.

LES PRONOMS PERSONNELS TONIQUES

Moi, je vais au cinéma… Tu viens, **toi** aussi ?

- Les pronoms toniques remplacent des personnes.

	1^a^ pers.	2^a^ pers.	3^a^ pers.	
			masculin	féminin
singulier	moi	toi	lui	elle
pluriel	nous	vous	eux	elles

- On utilise les pronoms personnels toniques :
  – avec les pronoms sujets pour donner **plus d'importance** à ces pronoms :
  • ***Moi****, j'adore la mer ; ma femme,* ***elle****, préfère la montagne.*
  – dans les phrases sans verbe, **seuls** :
  • *– Qui a parlé ? –* ***Lui****.*
  – après ***c'est*** ou ***ce sont***:
  • C'est **vous**, *Mme Lemaitre ?*

ATTENTION ! On utilise ***C'est*** avec les pronoms toniques singuliers et pluriels. ***Ce sont*** s'utilise uniquement avec *eux* et *elles*.

  – **après** ***à, avec, chez, et, sans, pour, comme :***
  • *Je travaille avec / sans / pour* ***eux****.*
  • *Paul et* ***toi****, faites comme* ***moi****.*

8 Complétez avec les pronoms personnels sujets ou toniques qui conviennent.

0. Moi, je vais au cinéma. Tu viens ?
1. – C'est ta belle-sœur sur cette photo ? – Oui, c'est … .
2. … as l'air toujours sûr de … !
3. – Caroline vient avec ses parents ? – Oui, … vient avec … .
4. … , … suis responsable des ventes. Et … , qu'est-ce que … faites ?
5. – Léa est une fille très drôle. Et son frère ? – … aussi, … est très sympathique.
6. … n'allons plus chez … : … sont odieuses !

LES VERBES *FAIRE* ET *LIRE*

faire	lire
je fais	je lis
tu fais	tu lis
il / elle fait	il / elle lit
nous faisons*	nous lisons
vous faites	vous lisez
ils / elles font	ils / elles lisent

* *Nous faisons* se prononce [fəzõ].

9 Complétez avec le verbe *faire* ou *lire*.

1. Ces élèves … encore beaucoup de fautes de grammaire.
2. Combien de livres vous … en un an ?
3. Elles … des annonces de casting.
4. Nous … une traduction.
5. Quand vous … vos devoirs, n'écoutez pas de musique !
6. David … le scénario pour apprendre son rôle.
7. Elle … quoi dans la vie ?
8. Qu'est-ce que tu … ? Un roman d'aventures ?

Phonétique

LES SONS [ə] / [e] / [ɛ]

40 **Écoutez et répétez.**

[ə] brebis • nous prenons • probablement
[e] éléphant • laisser • efficace • essence • danger • vous travaillez
[ɛ] crème • fête • français • beige • restaurant • discret

➜ Phonétique, p. 174

Communication

▶ 41 DÉCRIRE L'ASPECT PHYSIQUE ET LE CARACTÈRE

Il / Elle est comment ?	
Elle **a** les cheveux blonds. / Elle **est** blonde.	Il est sympathique et très drôle.
C'est une rousse **aux** yeux verts.	**Il** a l'air **heureux**. / **Elle** a l'air **heureuse**.
Il **porte** des lunettes / une barbe / une moustache.	Il a bon caractère.

1 ▶ **Regardez la vidéo *Elle est comment ?* et répondez vrai ou faux.**

1. Dominique est petite.
2. Elle n'est pas mince.
3. Elle est très dynamique.
4. C'est une fille exubérante.
5. Elle est originale.
6. Elle aime les vêtements colorés.

2 Lisez le dialogue et répondez.

Jennifer Alors, Maude, ça se passe comment avec vos nouveaux voisins ?
Maude Les Ducros ? Ça se passe très bien avec eux. La dame est très gentille. Elle s'appelle Chloé. Elle est grande, sportive et a les cheveux longs. Elle ressemble à Mme Leroy, notre nouvelle prof de maths.
Jennifer Ah oui ? Et elle est sympa ?
Maude Oui, très. Il y a aussi deux enfants. Un garçon, Alex, qui a notre âge. Il a l'air studieux et il est très mignon ! Il est mince et il a les cheveux blonds et bouclés comme sa mère. Noémie, elle, est encore un bébé. Elle est toute ronde et c'est un amour, avec ses grands yeux bleus…
Jennifer Et leur père, il est comment ?
Maude Eh bien… Un grand brun aux yeux verts… Il s'appelle Marc. C'est un homme charmant et sociable. Et il est drôle avec ses lunettes rouges !

1. De combien de personnes est composée la famille Ducros ?
2. Qui est Mme Leroy ? Elle est comment ?
3. Quelle est la couleur des cheveux de Chloé ?
4. Est-ce que Noémie et son père ont les yeux de la même couleur ?
5. Quel est le caractère de M. Ducros ?
6. Est-ce que Maude a une bonne opinion de ses voisins ?

3 EN GROUPE Un élève fait la description d'un camarade en 4 phrases. Celui qui devine prend la main.

- *Il est grand. Il a les yeux marron. Il est roux. Il est timide. Qui est-ce ?*
- *Elle est petite. Elle a les yeux noirs. Elle est brune. Elle est bavarde. C'est qui ?*

4 **Écrivez des brèves descriptions (aspect physique, caractère ou état d'âme) de ces personnes.**

ISABELLE — GÉRARD — PAULINE — BRUNO — AMANDINE

5 Vers le DELF **Écrivez une brève description de trois membres de votre famille : un homme, une femme et un(e) adolescent(e).**

42 DEMANDER ET DIRE L'HEURE

il est **+ numéro +** ***heure(s)*** **+ minute**

Quelle heure est-il ? / Il est quelle heure ?	Il est huit heures (pile / précise(s)).
Vous avez l'heure, s'il vous plaît ?	Oui, il est neuf heures.
À quelle heure... ?	À dix heures.
De quelle heure à quelle heure ?	De deux heures à trois heures.

	HEURE OFFICIELLE	HEURE COURANTE
20h00	Il est vingt heures.	Il est huit heures.
20h15	Il est vingt heures quinze.	Il est huit heures et quart.
20h30	Il est vingt heures trente.	Il est huit heures et demie.
20h40	Il est vingt heures quarante.	Il est neuf heures moins vingt.
20h45	Il est vingt heures quarante-cinq.	Il est neuf heures moins le quart.
12h00 / 00h00	Il est douze heures / vingt-quatre heures.	Il est midi / minuit.
00h10	Il est zéro heure dix.	Il est minuit dix.

Il est ... heure(s) du matin / de l'après-midi / du soir.

Il est tôt ≠ tard.

être en avance / à l'heure / en retard

6 **Quelle heure il est (officielle et courante) ?**

a

b

c

d

7 **Vers le DELF** **Observez la grille des programmes télé et répondez. Utilisez l'heure courante.**

TF1	france•2	france•3	arte
21:05 *Danse avec les stars* DIVERTISSEMENT	**21:05** *N'oubliez pas les paroles !* JEU	**21:00** *La malédiction du volcan* TÉLÉFILM	**20:55** *L'argent des autres* COMÉDIE DRAMATIQUE
00:15 *France et Français* MAGAZINE DE SOCIÉTÉ	**23:55** *On n'est pas couché* TALK-SHOW	**22:30** *Les enquêtes de Murdoch* SÉRIE POLICIÈRE	**22:40** *Bien nourrir son cerveau* SCIENCES ET TECHNIQUE

1. De quelle heure à quelle heure il y a un divertissement sur TF1 ?
2. À quelle heure commence le talk-show sur France 2 ?
3. De quelle heure à quelle heure il y a un téléfilm sur France 3 ?
4. À quelle heure finit le film sur Arte ?

8 **Qu'est-ce que vous dites dans les situations suivantes ?**

1. Vous demandez à un ami à quelle heure ses cours finissent.
2. Vous demandez à un ami de quelle heure à quelle heure est la récréation dans son école.
3. Vous demandez l'heure à quelqu'un dans la rue.
4. Le train part à 10 heures et vous arrivez à la gare à 10 h 05.
5. Votre mère vous réveille à 6 heures au lieu de 7 heures.

9 **À DEUX** **Regardez les affiches et les horaires, puis jouez le dialogue en suivant le canevas.**

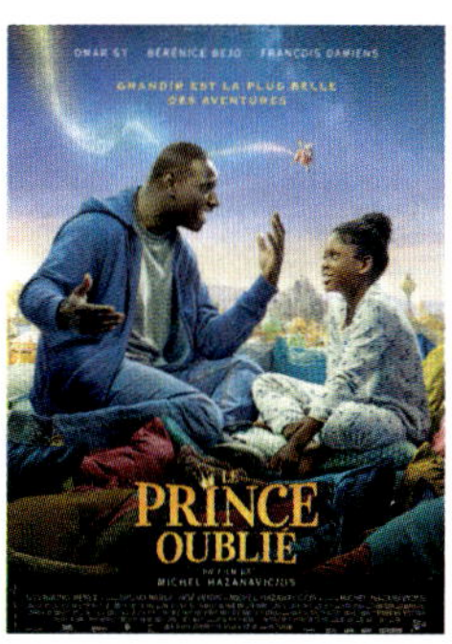

LE PRINCE OUBLIÉ
13h15 | 15h05 | 16h55

MON BÉBÉ
11h15 | 13h25 | 15h35 | 17h45 | 19h55 | 22h05

LES 2 ALFRED
11h00 | 13h40 | 16h15 | 19h00

- **A** demande à **B** quelle heure il est.
- **B** répond.
- **A** donne l'heure du début du film qu'il préfère.
- **B** n'est pas d'accord et propose un autre film et donne l'heure de début.
- **A** est d'accord mais dit qu'ils sont en retard.
- **B** propose une autre solution.

Révisez avec le test de fin d'unité.

La France,
le pays des vacances dans la nature

La France est la première destination touristique mondiale depuis 1990. Elle offre des paysages variés. En vacances, on peut passer de la mer à la montagne, de la forêt à la plaine. Pas de place pour la monotonie !

En France, on peut rencontrer quatre grands types de paysage :
- les plaines : de vastes étendues planes ou légèrement vallonnées ;
- les littoraux : les zones où terre et mer se rencontrent ;
- les montagnes : de hautes terres de plus de 500 mètres d'altitude aux fortes pentes ;
- les zones urbaines.

En France, il y a plus de 10 % des forêts de l'Union européenne. Et on compte le plus haut sommet montagneux d'Europe : le Mont-Blanc qui culmine à 4 808 mètres.

Certains paysages sont préservés : il existe aujourd'hui **8 parcs nationaux** dans l'Hexagone et 3 dans les DROM (Départements et Régions d'outre-mer) : la Vanoise, Port-Cros, les Pyrénées, les Cévennes, les Écrins, le Mercantour, la Guadeloupe, La Réunion, la Guyane, les Calanques et le Parc national de forêts.

AGENDA 2030
OBJECTIF 15
VIE TERRESTRE

Préserver la biodiversité, lutter contre la désertification, sauvegarder les forêts.

Le Marais poitevin

LOCALISATION : OUEST/CÔTE ATLANTIQUE

On l'appelle la Venise verte avec ses milliers de kilomètres de canaux et de fossés (petits canaux). Zone aménagée au IXe siècle, elle se découvre en barque ou à vélo. C'est un territoire à la biodiversité exceptionnelle. Le Marais poitevin abrite une incroyable faune : 250 espèces d'oiseaux, 38 espèces de poissons, 60 espèces de libellules et 80 espèces de papillons !

POUR ALLER PLUS LOIN

AGENDA 2030 OBJECTIF 11

La forêt est essentielle pour la vie sur Terre : c'est un écosystème à la fois très riche et complexe. Découvre la plateforme https://la-foret-et-nous.org/. Elle permet de découvrir la biodiversité forestière, le rôle des forêts dans la lutte contre le changement climatique, les métiers de la forêt et de découvrir les spécificités des forêts à travers le monde.

La forêt de Tronçais

LOCALISATION : CENTRE

C'est la plus belle forêt de chênes d'Europe. On y trouve des arbres âgés de 300 ans ! Elle abrite de nombreux animaux : cerfs, chevreuils, sangliers, chouettes, buses et aigles. Au cœur de la forêt, cinq étangs contribuent à la beauté des lieux. La forêt est idéale pour les promenades à pied ou à cheval, pour le VTT ou simplement pour l'observation de la faune et de la flore.

La mer de Glace

LOCALISATION : EST/HAUTE-SAVOIE

La mer de Glace est le plus grand glacier de France avec une longueur totale de 7 km et une épaisseur de 200 mètres. Il est possible d'y accéder en train à crémaillère depuis Chamonix. Ce train existe depuis 1908. On peut contempler la mer de Glace ou visiter la grotte de glace. Mais marcher sur le glacier est réservé aux alpinistes !

1 Vrai ou faux ?

1. La France est la deuxième destination touristique mondiale.
2. On peut trouver des parcs nationaux dans l'Hexagone.
3. La Venise verte se trouve dans le Sud de la France.
4. Dans la forêt de Tronçais, les promeneurs peuvent voir des arbres vieux de 500 ans.
5. Il est possible d'aller sur la mer de Glace en train.
6. Le plus grand glacier d'Europe se trouve en France.

2 Répondez aux questions.

1. Combien de types de paysages on peut trouver en France ?
2. Quelles activités on peut pratiquer dans la forêt de Tronçais ?
3. Comment s'appelle le sommet montagneux le plus élevé de France ?

4 Temps libre

1 À VOUS !
Quels sont vos loisirs ?

a. Aller au cinéma.
b. Regarder la télé.
c. Regarder des séries.
d. Sortir avec des amis.
e. Écouter de la musique.
f. Faire du sport.
g. Faire une collection.
h. Jouer d'un instrument.
i. Jouer aux cartes.
j. Lire des romans / des BD.
k. Surfer sur Internet.
l. Autre : ...

OBSERVEZ

Sports et jeux
- **jouer au** football / **à la** pétanque / **aux** jeux vidéo

Instruments
- **jouer du** violon / **de la** guitare / **des** percussions

2 ▶ 43 Vers le DELF **Écoutez et choisissez la bonne réponse.**

1. Quel est le programme de Manon pour l'été ?
   a. Passer deux mois au Sénégal.
   b. Rester un mois avec ses parents.
   c. Elle ne sait pas encore.
2. Que propose Lisa à Manon ?
   a. De réviser l'histoire-géo.
   b. De partir en colonie de vacances.
   c. De faire du camping sauvage.
3. Quelle est la première réaction de Manon ?
   a. Elle est enthousiaste.
   b. Elle est sceptique.
   c. Elle aime mieux rester à Lyon.
4. Est-ce que Manon se laisse finalement convaincre ?
   a. Oui, mais elle préfère parler à ses parents.
   b. Oui, sans hésitation.
   c. Non, elle refuse.

3 Maintenant lisez le dialogue et répondez.

Lisa Enfin les vacances !!! Bye bye les maths, l'anglais et les SVT !!!
Manon Et l'histoire-géo ! Je déteste ça !
Lisa Ah bon ? Moi, j'aime bien. Mais parlons de choses sérieuses : quel est ton programme pour cet été, Manon ?
Manon En août, je pars au Sénégal avec mes parents, mais en juillet… aucune idée.
Lisa Regarde cette brochure.
Manon Une colonie de vacances ? Dis, tu te moques de moi, Lisa ? La colo, c'est pour les gamins !
Lisa Mais non ! Lis le programme, il est super ! En plus, moi, j'adore le camping : la liberté, la nature, le soleil…
Manon Et les insectes !
Lisa Mais tu ne sors jamais de Lyon, toi ?
Manon Si, mais je dors à l'hôtel ! Bon, et on se lève à quelle heure dans ce camping ?
Lisa Pas trop tôt, ne t'inquiète pas. Et puis, après le petit déjeuner, on a du temps pour s'habiller, se coiffer et se maquiller.
Manon Et quelles activités sont organisées pendant la journée ?
Lisa Des randonnées en VTT, des balades, des sorties en bateau, mais aussi des moments de détente.
Manon Et le soir, je dois me coucher à 20 heures comme les bébés ?
Lisa Non, Manon. Il y a toujours une soirée d'organisée.
Manon Et elles sont où, ces colonies ?
Lisa Beaucoup sont en France, à Saint-Malo et à Hendaye, par exemple. Mais il y a des colonies en Espagne aussi. Alors, on s'inscrit ?
Manon En Espagne ? Ce n'est peut-être pas une si mauvaise idée… Je prends la brochure et je la montre à mes parents. Je t'appelle après.
Lisa D'accord. À plus.

1. Pourquoi Lisa est contente d'être en vacances ?
2. Que montre Lisa à Manon ?
3. Que pense Manon des colonies ?
4. Pourquoi Manon n'aime pas le camping ?
5. Que font Lisa et Manon après le petit déjeuner ?
6. Quelles activités sont organisées pendant la journée ?
7. Est-ce que ces colonies se trouvent seulement en France ?

4 GRAMMAIRE

1. Observez les phrases suivantes et répondez aux questions.
   Regarde cette brochure.
   a. *Cette* est un…
      adjectif démonstratif. adjectif possessif. adjectif qualificatif.
   b. Vous connaissez la traduction dans votre langue ?
   c. Retrouvez dans le dialogue le même mot au masculin et au pluriel
      m. s. … / … *f. s.* *cette* *m.* et *f. pluriel* …
   d. D'après vous, pourquoi il y a deux formes pour le masculin singulier ?

→ Les adjectifs démonstratifs, p. 74

5 Vers le DELF **Lisez le document et répondez.**

À LA DÉCOUVERTE DE NOTRE COLONIE DE VACANCES À SAINT-MALO

8h00
Les participants se réveillent tranquillement.

8h30
Le petit déjeuner est servi. Mais on peut le prendre jusqu'à 9h30. Le petit déj' se prend souvent dehors pour profiter des premiers rayons du soleil.

10h00
La matinée est consacrée à des activités sportives ou manuelles : excursion en catamaran, randonnée à vélo, construction de cabanes... Deux fois par semaine, de petits groupes font les courses pour les repas à venir.

12h15
Tous à table pour le déjeuner !

13h00
Les participants font la vaisselle par petits groupes. Les autres se reposent, sortent des jeux de société, jouent aux cartes, lisent des magazines, ou bien discutent entre copains.

14h00
L'après-midi, le groupe se retrouve pour une activité collective. Le programme change tous les jours : du sport au bricolage, de la baignade à la plage au lèche-vitrine en ville. Le week-end, nos animateurs organisent des tournois de volley. Et tout ça se termine par le goûter : une glace en bord de mer !

19h00 - 19h45
C'est l'heure du dîner !

20h30
À l'extérieur ou à l'intérieur du camping, la veillée est un moment toujours très apprécié. C'est l'occasion de participer au ciné-forum, se balader dans la vieille ville, discuter entre copains sur la plage...
Le programme est riche et se renouvelle tous les soirs.

22h30
Les participants se couchent. Demain, on recommence !

1. Ce document est :
   a. la page d'un agenda. b. une brochure. c. une lettre.
2. Il est adressé :
   a. à des adolescents et à leurs parents. b. à des professeurs. c. à des touristes.
3. La colonie de vacances organise des activités :
   a. le matin et l'après-midi. b. le matin et le soir. c. toute la journée.
4. Les quatre repas de la journée sont ... .

6 Vers le DELF **Relisez et répondez.**

1. À quelle heure les jeunes prennent leur petit déjeuner ? Où ?
2. Quel genre d'activités sont proposées le matin ? À quelle heure est-ce qu'elles commencent ?
3. Qui fait les courses ? À quelle fréquence ?
4. Qui fait la vaisselle ? Que font les autres ?
5. De quelle heure à quelle heure a lieu le dîner ?
6. Quel genre d'activités sont proposées le soir ? Où est-ce qu'elles se déroulent ?

Mots et expressions

44 LES ACTIVITÉS QUOTIDIENNES

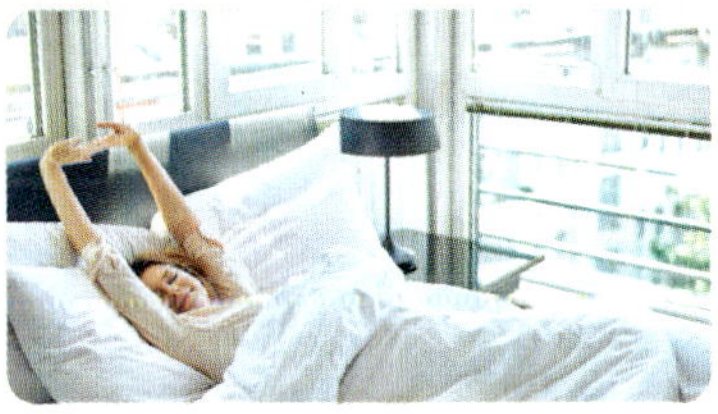
- se réveiller

- se lever

- se doucher, prendre une douche

- se maquiller

- se coiffer

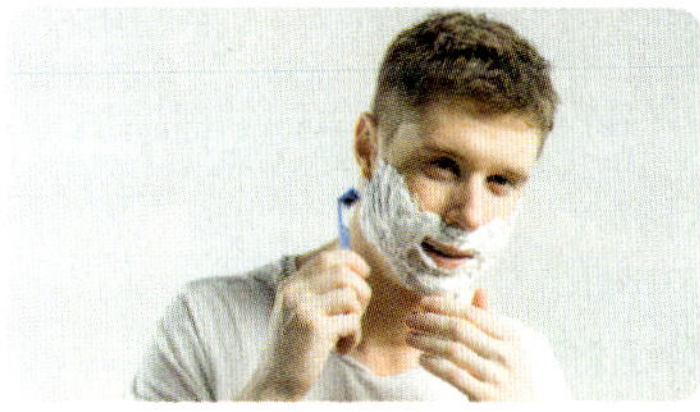
- se raser

- s'habiller

- prendre son petit déjeuner

- se brosser les dents

- aller au travail / travailler

- aller à l'école / étudier

- déjeuner

- rentrer à la maison

- faire ses devoirs

- goûter

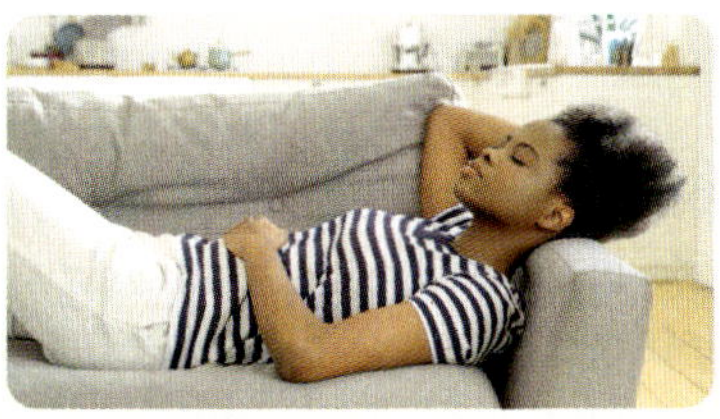
- se reposer

- dîner

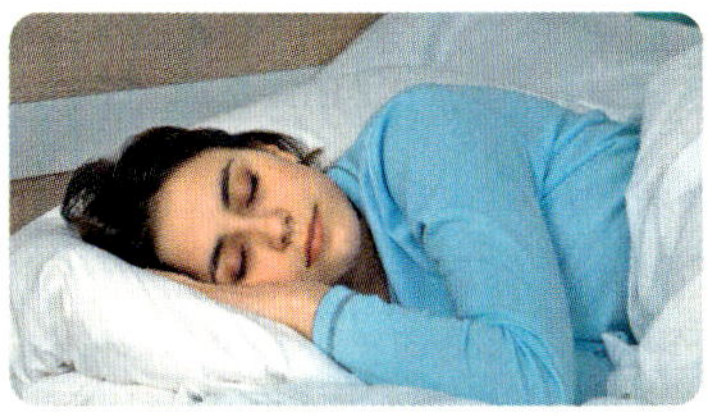
- se coucher

4 Je fais le point

4 Observez les images et trouvez les sports correspondants.

1.

2.

3.

4.

5 Complétez avec les verbes qui conviennent. Attention : certains verbes sont suivis d'une préposition.

1. Aurélie veut devenir actrice. Le mercredi, elle ... un cours de théâtre.
2. Je n'aime pas ... cartes : ça m'ennuie.
3. Dans ma famille tout le monde ... : mon frère du violon et moi de la flûte.
4. Quels sports est-ce que vous ... ?
5. Je ... : je vais à la patinoire trois fois par semaine.
6. Je voudrais ... au concert de Stromae, mais il n'y a plus de billets.

6 Trouvez une activité et un sport dans chaque catégorie.

	en salle	en plein air
collectif / collective	activité : ... sport : ...	activité : ... sport : ...
individuel / individuelle	activité : ... sport : ...	activité : ... sport : ...

49 LA FRÉQUENCE

- toujours
- souvent
- parfois, quelquefois, de temps en temps
- rarement
- jamais

- tous les ans / les mois / les jours
- toutes les semaines / les heures
- tous les lundis / les week-ends
- tous les matins / les après-midi / les soirs
- tous les quinze jours
- toutes les deux semaines
- une fois par an / par mois / par semaine

OBSERVEZ

Il ne sort ~~pas~~ **jamais**.

7 Classez ces actions, de la plus fréquente (1) à la moins fréquente (5).

a. Quelquefois, je vais à l'école à pied.
b. Maman se couche toujours très tard.
c. Je vais rarement au cinéma parce que je n'ai pas beaucoup d'argent.
d. Ah, non ! Je ne bois jamais de soda !
e. Le samedi soir, nous allons souvent au restaurant japonais.

8 Avec quelle fréquence vous faites ces actions ? Écrivez des phrases complètes.

0. aller à la piscine → *Je vais à la piscine deux fois par semaine, le mardi et le jeudi.*
1. lire un livre
2. écouter de la musique
3. faire du sport
4. se laver les cheveux
5. chatter avec des amis
6. aller au cinéma
7. faire ses devoirs
8. assister à un spectacle

Grammaire

LES VERBES PRONOMINAUX

Les enfants **se réveillent** à 8 heures.

- Formation : sujet (pronom ou nom) + pronom *me, te, se, nous, vous, se* + verbe.

se souvenir	s'amuser
je **me** souviens	je **m'**amuse
tu **te** souviens	tu **t'**amuses
il / elle **se** souvient	il / elle **s'**amuse
nous **nous** souvenons	nous **nous**‿amusons
vous **vous** souvenez	vous **vous**‿amusez
ils / elles **se** souviennent	ils / elles **s'**amusent

- Devant une **voyelle** ou un ***h* muet**, *me, te* et *se* deviennent ***m', t'*** et ***s'***.
  - *S'appeler › Je **m'**appelle*
- À l'oral, il faut faire la ***liaison*** avec *nous* et *vous*.
  - *Nous **nous** appelons.*
- À la **forme négative**, ***ne*** se place **avant le pronom** *me, te, se, nous, vous, se* et ***pas*** se place **après le verbe**.
  - *Je **ne** me souviens **pas**.*
  - *Nous **ne** nous amusons **pas**.*

Voici quelques exemples de verbes pronominaux en français :
- *s'appeler • se lever • se réveiller • se laver • se doucher • se coiffer • se raser • se maquiller • s'habiller • se brosser (les dents) • se coucher.*

1 **Conjuguez les verbes entre parenthèses au présent de l'indicatif.**

1. À quelle heure tu ... [se réveiller] normalement ?
2. Comment vous ... [se trouver] dans cet hôtel ?
3. Dans ce projet, Joël ... [s'occuper] de la communication.
4. Mais non, je ... [ne pas se moquer] de toi !
5. Nous ... [se réjouir] de votre succès.
6. Ils ... [se disputer] souvent avec leurs parents.

LES PRONOMS PERSONNELS COD

Je prends le livre et je **le** montre à mes parents.

- Les pronoms personnels complément d'objet direct (COD) **remplacent des personnes, des choses ou des animaux**.

	1ª pers.	2ª pers.	3ª pers.	
			masculin	féminin
singulier	**me** / **m'**	**te** / **t'**	**le** / **l'**	**la** / **l'**
pluriel	**nous**	**vous**	**les**	

- Devant une **voyelle** ou un ***h* muet**, *me, te, le, la* deviennent ***m', t', l'***. Et avec *nous, vous* et *les* on doit faire la ***liaison***.
- En général, les pronoms COD se placent avant le verbe.
  - *Ils écoutent la radio.*
    *› Ils **l'**écoutent.*
  - *– Les films d'Almodóvar ?*
    *– Je ne **les** aime pas.*

→ La position des pronoms compléments, Unité 6, p. 106

2 **Trouvez les mots qui correspondent au pronom COD.**

0. Ils la regardent rarement. [le film / **la télé** / les documentaires]
1. David la déteste. [l'horaire des cours / la prof de chimie / les exercices de maths]
2. Je les traduis. [le dialogue / la phrase / les mots]
3. Vous la connaissez ? [Horace Wilson / Mlle Dobrova / M. et Mme Müller]
4. Nous les rencontrons souvent. [notre voisin / notre voisine / nos voisines]
5. Tu ne le respectes jamais ! [le règlement / la norme / les règles]
6. Véronique la remercie. [son frère / sa sœur / ses parents]

3 **Répondez en remplaçant les mots soulignés par les pronoms COD qui conviennent.**

0. – Vous regardez souvent la télé ? – Oui, je la regarde souvent.
1. – Amélie aime ce spectacle ? – Non, … .
2. – Tu ne nous invites pas à ta fête ? – Si, … .
3. – Elles écoutent toujours les chansons de M. Pokora ? – Oui, … .
4. – Vous m'appelez demain ? – Oui, … .
5. – Herta aide sa nièce avec les devoirs d'allemand ? – Non, … .
6. – Tu n'apprends pas les verbes par cœur ? – Si, … .

LES ADJECTIFS DÉMONSTRATIFS

Quel est ton programme pour **cet** été ?

- Les adjectifs démonstratifs s'accordent en genre et en nombre avec le nom qu'ils précédent.

	masculin	feminin
singulier	ce / cet	cette
pluriel	ces	

- On utilise *ce* devant un nom **masculin singulier** qui commence par une **consonne** ou un ****h* aspiré** :
  - ***ce*** *spectacle* • ***ce*** **héros* • ***ce*** *vélo*
- On utilise *cet* devant un nom **masculin singulier** qui commence par une **voyelle** ou un ***h* muet** :
  - ***cet*** *arbre* • ***cet*** *hôtel* • ***cet*** *avion*
- Avec *ces*, la ***liaison*** est obligatoire :
  - ***ces*** ‿ *hommes*

4 **Reprenez les mots soulignés avec les adjectifs démonstratifs qui conviennent.**

0. Le TGV 9288 est parti à 17h45. *Ce TGV* est en retard.
1. J'aime beaucoup l'appartement de Sacha. … est très beau.
2. Le PSG est une équipe de foot. De très grands champions jouent dans … .
3. Vos informations sont très utiles. Je vous remercie pour … .
4. *Carmen* est un opéra de Georges Bizet. Le public adore … .
5. Il y a beaucoup de monuments à Paris. … attirent les touristes.
6. À Turin, il y a un musée égyptien. … est très célèbre.

LE PRONOM INDÉFINI *ON*

Demain, **on** recommence !

- *On* est un pronom personnel sujet. Avec *on*, le **verbe est à la 3e personne du singulier.**
- *On* peut avoir différents sens :
  - *les gens, tout le monde* :
    - *Dans quels pays* ***on parle*** *français ?*
  - *nous*, dans la langue parlée :
    - *Irène et moi*, ***on a*** (= ***nous avons***) *le même âge.*
  - *quelqu'un* :
    - ***On sonne*** *à la porte : va ouvrir.*
- Quand *on* est suivi d'une **voyelle** ou un ***h* muet**, il faut faire la ***liaison*** :
  - *On*‿*habite à Lyon.*

ATTENTION ! Quand *on* = *nous*, on fait l'accord en genre et en nombre :
- ***On*** *est* (= *nous sommes*) *très* ***fiers/fières*** *de nos résultats.*
- ***On*** *est* (= *nous sommes*) ***fatigué(e)s*** *aujourd'hui.*

5 **Remplacez les sujets soulignés par le pronom *on* et faites tous les changements nécessaires.**

0. Chez moi, nous dînons vers 19h30. → *Chez moi, on dîne vers 19h30.*
1. Qu'est-ce que les gens font quand les gens sont stressés ?
2. Ce soir nous sortons ou nous restons à la maison ?
3. À qui quelqu'un peut demander si quelqu'un a besoin d'un conseil ?
4. Nous sommes très contents de ta réussite et nous te félicitons.

LES ADJECTIFS INTERROGATIFS

On organise **quelles** activités aujourd'hui ?

- Les adjectifs interrogatifs s'accordent en **genre** et en **nombre** avec le mot qu'ils accompagnent.

	masculin	feminin
singulier	quel	quelle
pluriel	quels	quelles

- Les quatre formes se prononcent de la même manière.
- Au pluriel devant une **voyelle** ou un ***h* muet**, on fait la ***liaison*** :
  - ***Quels*‿*hommes* ?** • ***Quelles** saisons ?*

6 **Complétez avec les adjectifs interrogatif qui conviennent.**

1. ... chansons françaises est-ce que tu aimes ?
2. De ... projet est-ce que vous discutez ?
3. Tu es dans ... classe ?
4. ... activités tu pratiques pendant la semaine ?
5. ... sont les films préférés des Belges ?

LES PRÉPOSITIONS AVEC LES NOMS DE PAYS, DE VILLES ET DE CONTINENTS

Nous habitons **en** Espagne.

- En général, les noms de **pays** qui se terminent par un ***-e*** sont féminins :
  - *la France* • *l'Allemagne* • *la Belgique* • *l'Égypte*

  EXCEPTIONS : *le Belize* • *le Cambodge* • *le Mexique* • *le Mozambique* • *le Zimbabwe*
- Tous les autres pays sont **masculins** :
  - *le Brésil* • *le Maroc* • *le Nigeria* • *le Danemark*
- Les **prépositions** utilisées pour les pays, les villes et les continents :

	J'habite... / Je vais...	Je viens...
	Ville	
	à Nice **à** Amiens	**de** Nice **d'**Amiens
	Pays et continents	
masculins qui commencent par une consonne	**au** Maroc	**du** Maroc
masculins qui commencent par une voyelle	**en** Iran	**d'**Iran
féminins	**en** Suisse **en** Afrique	**de** Suisse **d'**Afrique
pluriels	**aux** Antilles **aux** Philippines	**des** Antilles **des** Philippines

7 Complétez avec les prépositions qui conviennent.

1. – Est-ce que tu viens ... Arabie Saoudite ?
   – Non, je viens ... Émirats arabes unis.
2. En ce moment Laure travaille ... Pologne, ... Varsovie.
3. Elle travaille ... Danemark, mais elle est née ... Israël.
4. Les Chaumet habitent ... Pays-Bas et ils vont en vacances ... Égypte.
5. Monika et Nils viennent ... Suède, ... Stockholm précisément.
6. Valérie arrive ... Uruguay et elle va ... Portugal.

LES VERBES *PRENDRE* ET *SORTIR*

prendre	sortir
je prends	je sors
tu prends	tu sors
il / elle / on prend	il / elle / on sort
nous prenons	nous sortons
vous prenez	vous sortez
ils / elles prennent	ils / elles sortent

- Les verbes *apprendre*, *comprendre*, *entreprendre*, *surprendre* se conjuguent comme le verbe *prendre*.
- Le verbe *sortir* perd le *-t* du radical aux deux premières personnes du singulier. On conjugue de la même manière les verbes *mentir* (*je mens...*), *partir* (*je pars...*), *sentir* (*je sens...*), *se repentir* (*je me repens...*). Sur le même schéma, *dormir* perd le *-m* du radical (*je dors...*) et *servir* perd le *-v* (*je sers...*).

8 Conjuguez les verbes entre parenthèses au présent de l'indicatif.

1. Nous ... [prendre] quel bus pour aller au musée ?
2. On ne ... [comprendre] pas les raisons de son refus.
3. Les enfants ... [apprendre] à parler à partir de 12 mois.
4. Vous me ... [surprendre] toujours avec vos histoires !
5. Aujourd'hui je ... [se sentir] bien : je suis en pleine forme !
6. Cette machine ... [servir] à fabriquer des sacs en plastique.
7. Pourquoi vous ... [partir] déjà ? Il est encore tôt !
8. Regarde comme elle est mignonne !
   Elle ... [dormir] comme un ange.

Phonétique

LES SONS [o] / [ɔ]

▶ 50 **Écoutez et répétez.**

[o] sot · drôle · métro · beau · chose
[ɔ] sotte · école · bonne · époque · sportif

→ Phonétique, p. 174

Communication

51 PARLER DE SES GOÛTS ET DE SES PRÉFÉRENCES

• Je suis fou (folle) de livres / de lecture / de cinéma. • J'adore lire / le sport. • J'aime bien / beaucoup... • J'aime... • J'apprécie...	• Je n'aime pas trop... • Je n'aime pas... • Je n'aime pas du tout... • Je ne supporte pas... • Je déteste... • J'ai horreur de...	• Je préfère la musique pop. • J'aime mieux la musique classique.

LE FRANÇAIS QUI SE CAUSE

Je suis dingue de vélo.
Je kiffe grave cette chanson !
Je kiffe ce groupe de rap !
L'opéra, c'est pas mon truc.
Je ne peux pas saquer / blairer ce type !

1 **Regardez la vidéo *À la recherche d'un cadeau* et répondez vrai ou faux.**

1. Les filles pensent qu'un livre sur le jardinage est une bonne idée.
2. La tablette et le portable coûtent trop cher.
3. Les filles excluent l'étui et le casque-audio.
4. Elles aiment le sac à dos.
5. Annette déteste le rouge.

2 **À DEUX** **Confrontez vos goûts.**

0. Bleu ou rouge ?
   – *J'adore le rouge !*
   – *Moi, je déteste ça : je préfère le bleu.*
1. Chien ou chat ?
2. Montagne ou mer ?
3. Livre numérique ou livre papier ?
4. Biologie-écologie ou mathématiques ?
5. Films ou séries télé ?
6. Aller au cinéma ou aller au théâtre ?

3 52 **Vers le DELF** **Écoutez et notez +, ++, –, – – en fonction des activités.**

	Jean	Pauline	Tarik
1. écouter de la musique	...	...	...
2. faire du jogging	...	...	...
3. faire du shopping	...	...	...
4. jouer au golf	...	...	...
5. jouer au volley-ball	...	...	...
6. regarder des séries	...	...	...
7. surfer sur le Net	...	...	...

4 **Écrivez...**

1. trois activités que vous détestez faire.
2. trois activités que vous aimez faire.
3. trois sports que vous aimez pratiquer / regarder.
4. trois films que vous n'aimez pas.
5. trois livres que vous adorez.
6. trois matières que vous aimez.

5 EN GROUPE **Formez des groupes de 4, comparez les résultats de l'exercice précédent et préparez un petit compte-rendu.**

Notre matière préférée est... Tout le monde déteste...

6 **Regardez l'agenda de Paul et décrivez ce qu'il aime et ce qu'il n'aime pas faire. Variez les expressions.**

LUNDI	MARDI	MERCREDI	JEUDI	VENDREDI	SAMEDI	DIMANCHE
Piscine	Cours de chinois avec Lucie	Piscine	Théâtre avec maman : beurk !!!	Piscine + soirée restaurant ! Youpi !	Dormir dormir dormir ! Après-midi : accompagner Théo match de foot	Matin : RV avec Lucie pour jogging (parc tête d'Or) Après-midi : chez papy et mamie à la campagne

7 Vers le DELF **Lisez le texte et répondez.**

Les centres sociaux et culturels de la Ville d'Épernay proposent de nombreuses activités et sorties pour enfants, adolescents et grands adolescents.

TOUT AU LONG DE L'ANNÉE

Les ateliers

- ***Judo au gymnase Beethoven***
  12-15 ans : le lundi de 18h à 20h
  15-25 ans : le mardi de 18h à 20h
- ***Atelier cirque, à la Mairie de quartier***
  6-10 ans : le mardi de 18h à 19h30
  11-17 ans : le mercredi de 17h à 19h
- ***Atelier « top chef », à la Maison Pour Tous***
  11-17 ans : le mercredi de 16h30 à 18h
- ***Atelier foot en salle, au gymnase Terres Rouges***
  16-20 ans : le jeudi de 18h15 à 19h30

PÉRIODE DE VACANCES

Programme à définir.

Adapté de www.epernay.fr/article/centres-sociaux-culturels-activites-pour-ados

1. Marc a 14 ans et aime les arts martiaux. À quelle activité est-ce qu'il s'inscrit ?
2. Marie a 7 ans et elle n'a peur de rien. Qu'est-ce qu'elle fait ?
3. Sarah a 15 ans, elle adore faire la cuisine. Elle choisit quelle activité ?
4. Camille est libre seulement le lundi après-midi après 17h00 et elle déteste les activités physiques. Est-ce qu'il y a des activités pour elle ?
5. Pierre a 16 ans et il voudrait faire une activité avec son grand frère qui a 19 ans. C'est possible ?

PARLER DE SA ROUTINE

8 Vers le DELF **Lisez le document et répondez.**

LA JOURNÉE-TYPE D'UNE LYCÉENNE

Qui suis-je ?
Aurore : parisienne, lycéenne en terminale, passionnée d'écriture et de photographie.

6h30	> *Bip Bip Bip*, le réveil sonne. Je file me doucher.
7h15	> Je m'habille et je prends un bon petit déjeuner.
7h30	> Il me reste 10 minutes avant de partir. Je me brosse les dents, je me sèche les cheveux, je fais mon sac... Il est temps de sortir.
7h40-8h00	> Je marche jusqu'au lycée et j'écoute de la musique. Sinon, j'écoute les messages vocaux de mes amis. J'aime bien ce petit moment à moi.
8h-12h00	> AAAARGH ! Les cours !!! Ça varie entre deux heures de maths, deux heures de biologie-écologie, deux heures de physique-chimie et tout le reste.
12h-13h00	> En général j'ai une heure pour manger à la cantine et puis hop...
13h-17h00	> ... c'est reparti : l'après-midi c'est de l'anglais, de l'espagnol, encore des maths ou de la physique ; bref, rien de bien passionnant.
17h30-18h00	> Je rentre à la maison. MA PAUSE, *alléluia* !
18h-20h30	> Je range les cours de la journée et je fais les « petits » devoirs.
21h10	> Après le dîner, je vais dans ma chambre, je lis ou je regarde une série. Mais ça, c'est de plus en plus rare. C'est plutôt travail encore et toujours. Je termine vite de réviser pour m'occuper du blog.
23h30	> *Zzzzz*... Au dodo ! C'est vraiment une heure limite, sinon le lendemain est très très très dur.

Adapté de auriginalite.com/journee-type-dune-lyceenne-en-terminale

1. À quelle heure est-ce qu'Aurore se réveille ?
2. Qu'est-ce qu'elle fait avant d'aller au lycée ?
3. Qu'est-ce qu'elle fait pendant qu'elle va au lycée ?
4. Combien d'heures de cours est-ce qu'elle a par jour ?
5. Quelles matières Aurore étudie-t-elle ?
6. Où est-ce qu'elle déjeune ?
7. Qu'est-ce qu'elle fait de 18h00 à 20h30 ?
8. Qu'est-ce qu'elle fait pendant la soirée ?
9. À quelle heure est-ce qu'elle se couche ?

9 Vers le DELF **Comme Aurore, écrivez votre journée-type.**

10 À DEUX **Demandez à votre copain ce qu'il fait...**

1. deux fois par semaine.
2. tous les matins.
3. le vendredi à 18 heures.
4. le dimanche après-midi.
5. rarement.
6. une fois par an.

Notez ses réponses puis échangez vos rôles.

11 EN GROUPE **Formez des groupes de 4 personnes et imaginez la journée-type d'un personnage singulier (astronaute, dresseur de tigres, styliste pour Barbie, testeur d'aliments pour animaux, annonceur de gare...). Faites preuve d'humour.**

Révisez avec le test de fin d'unité.

Coups de cœur • Épisode 2

1 Complétez le résumé du premier épisode avec les expressions proposées.

arrogante • énervée • le beau footballeur • prend son petit déjeuner • qu'elle est belle • se coiffe • timide • se préparent

Le matin, Adam et Léa sont à la maison, ils (1) ... pour aller au lycée. Léa se maquille et (2) ... avec un foulard. Adam prépare son matériel scolaire, puis il (3) ... . Ils sortent. Devant l'école: Adam remarque Léa... (4) ... ! Elle perd un badge, Adam le prend. En classe, l'arrivée de Khalil, (5) ... , suscite l'intérêt des filles. À la récré, Adam cherche à parler avec Léa, sans succès. Il est trop (6) ... , elle est trop (7) ... . Le soir, Adam contacte Léa sur Instagram. Elle est (8) ... .

2 Regardez les images ci-contre. Qu'est-ce que font Khalil et Alice ? Faites des hypothèses sur l'histoire que vous allez voir.

3 Regardez toute la vidéo sans le son et choisissez la bonne réponse.

1. Au début de la vidéo, Léa et Chloé se trouvent :
   a. dans un centre de vacances.
   b. devant un centre sportif.
   c. au milieu d'un jardin.
2. Pour se saluer, elles se :
   a. font la bise.
   b. serrent la main.
   c. tapent sur le dos.
3. Léa vient :
   a. de droite.
   b. de gauche.
   c. du centre sportif.
4. Léa a un flashback à propos de :
   d. ses affaires de piscine.
   e. son badge du centre sportif.
   f. son maquillage.
5. Khalil et Alice sont :
   a. dans un parc.
   b. dans le jardin du lycée.
   c. dans une aire de jeux.
6. À la fin, Adam :
   a. écrit un message à Léa.
   b. fait ses devoirs.
   c. surfe sur Internet.

4 Maintenant regardez toute la vidéo avec le son et répondez vrai ou faux.

1. Chloé attend Léa. V F
2. Léa ne trouve pas ses lunettes. V F
3. Alice lit un article sur un acteur. V F
4. Khalil préfère jouer au foot plutôt que d'étudier. V F
5. Il court toujours avec ses écouteurs. V F

5 **Regardez la séquence [0:50-3:10] et répondez.**

1. Que pense Alice de Mika ?
2. Écrivez au moins cinq adjectifs qu'Alice utilise pour décrire Mika.
3. Qu'est-ce que fait Khalil quand il se réveille ?
4. Qu'est-ce qu'il fait après ?
5. Qu'est-ce qu'il fait avant d'aller au lycée ?
6. Est-ce qu'il s'entraîne tous les jours ?
7. Quel sport pratique Alice ?
8. Qu'est-ce qu'elle aime faire ?
9. Que signifie être « dyslexique », « harcelé », « déscolarisé », selon vous ?

6 **Complétez les phrases de Khalil avec les expressions de temps.**

1. Je cours ... avant d'aller à l'école.
2. Je me lève ... .
3. Il y a cinq entraînements ... , pendant onze mois.
4. Le soir, je sors ... avec mes amis et ... je me repose.

7 **Regardez la séquence [1:55-2:22] et trouvez à quel personnage (Khalil ou Alice) correspondent les phrases. Puis mettez-les dans le bon ordre.**

a. Le matin, je me lève, je prends un grand verre d'eau et je pars.
b. À quoi ressemble le quotidien d'un footballeur ?
c. Non, au parc ! Je cours pendant une heure avant d'aller à l'école.
d. Mais à quelle heure tu te réveilles alors ?
e. Oui, je l'admets : c'est un peu dur.
f. Oh là là. C'est dur, ça !
g. Si. Je prends mon petit déjeuner quand je rentre à la maison.
h. Tu ne déjeunes pas ?
i. Je me lève tous les matins à 6 heures.
j. Tu pars où ? Au lycée ?

8 **À DEUX** **Maintenant jouez le dialogue entre Alice et Khalil.**

9 **Quelles sont les caractéristiques physiques des personnages ? Écrivez leurs portraits.**

0. Chloé *Elle est brune.*
   Elle a les yeux marron.
1. Léa
2. Alice
3. Adam
4. Khalil

10 **Maintenant vous connaissez un peu mieux les protagonistes. Quels adjectifs qualifient le mieux leur caractère, selon vous ?**

1. Léa :
2. Alice :
3. Adam :
4. Khalil :

11 **Qu'est-ce qu'il se passe après, selon vous ? Imaginez le message qu'Adam écrit à Léa.**

5

Vendre et acheter

1 À VOUS !
Répondez.

1. Chez vous, qui fait les courses ?
   a. Ma mère ou mon père.
   b. Mes parents.
   c. La famille toute entière.
2. Où est-ce que vous faites vos courses normalement ?
   a. Dans les hypermarchés / supermarchés.
   b. Dans les supermarchés hard-discount.
   c. Dans les petites supérettes.
   d. Au marché.
   e. Autre : ...
3. Est-ce que vous faites des achats en ligne ?
   a. Oui, parce que c'est pratique.
   b. Oui, parce que c'est moins cher.
   c. Oui, parce qu'il y a plus de choix.
   d. Non, parce que mes parents disent que c'est dangereux.
4. Quelles spécialités françaises est-ce que vous connaissez ?
   a. La ratatouille.
   b. La bouillabaisse.
   c. La tarte Tatin.
   d. Autre : ...

2 53 Vers le DELF **Écoutez et trouvez les aliments que vous entendez.**

1. le beurre

2. l'huile d'olive

3. le miel

4. les biscuits

5. le fromage

6. la levure

7. les céréales

8. les fruits

9. les œufs

10. le chocolat

11. la farine

12. le pain

13. la confiture

14. le lait

15. le sucre

3 Maintenant lisez le dialogue et répondez.

André Alors, Véro, qu'est-ce qu'on fait cet après-midi ?
Véro Je ne sais pas.
André Si tu veux, nous pouvons aller au centre commercial Italie Deux ! Il n'est pas très loin de chez nous.
Véro Bof, passer le samedi dans un supermarché, ce n'est pas très rigolo.
André Mais réfléchis ! Nous devons faire nos courses, et puis je veux absolument voir *Le 13e art*, le nouveau théâtre : j'ai vu des photos sur Internet, il a l'air magnifique !
Véro Bon, d'accord. Allez faisons notre liste alors. Il faut du beurre et de la confiture. Ah, et de l'huile d'olive. Nous n'en avons plus.
André Et aussi du lait, de la farine, un sachet de levure, une douzaine d'œufs et une tablette de chocolat pour le gâteau d'anniversaire de mamie.
Véro Et tu ne mets pas de sucre dans ton gâteau ?
André Si, bien sûr, mais il y en a encore.
Véro Et il ne faut pas oublier le cadeau !
André Ne t'inquiète pas, il est facile d'en trouver un dans un centre commercial ! Mais qu'est-ce qu'on achète ? Regarde sur le site s'il y a des trucs intéressants.
Véro Oui, il y a beaucoup de boutiques : de fringues, de chaussures, de jouets... Oh, et il y a même un magasin de fleurs !
André C'est parfait ! Résumons : nous allons d'abord voir le théâtre, ensuite nous faisons nos courses et enfin nous passons chez le fleuriste.
Véro D'accord, mais pour les baguettes, allons à la boulangerie : tu sais que je ne mange jamais le pain du supermarché.

OBSERVEZ

j'ach**è**te
tu ach**è**tes
il / elle / on ach**è**te
nous achetons
vous achetez
ils / elles ach**è**tent

- Je vais **à la** boulangerie.
- Je vais **chez le** fleuriste.

1. Que propose André à Véro ?
2. Quelle est la réaction de Véro ?
3. Pourquoi André fait cette proposition ?
4. Pourquoi il ne faut pas acheter de sucre ?
5. Pour qui est-ce qu'ils doivent acheter un cadeau ?
6. Qu'est-ce qu'ils font pour savoir s'il y a des magasins intéressants ?
7. Quel cadeau est-ce qu'ils décident d'acheter ?
8. Pourquoi Véro veut passer chez le boulanger ?

- des trucs intéressants (fam.) = quelque chose d'intéressant
- fringues (fam.) = vêtements

4 GRAMMAIRE

1. Dans le dialogue entre André et Véro, trouvez les mots exprimant une quantité indéterminée :
   du beurre, ... , ... , ... , ... , ...
2. Cherchez les mots indiquant une quantité précise :
   un sachet de levure, ... , ...
   Devant le nom, on trouve quoi ? ... .
3. Trouvez comment on exprime une quantité nulle (0) ?

→ Les articles partitifs, p. 89

5 ▶ 54 **Écoutez et associez les expressions aux situations correspondantes (plusieurs réponses possibles).**

Au marché

1. C'est à qui ?
2. Et avec ça ?
3. C'est combien, les pêches ?
4. C'est 2 euros 90 le kilo.
5. C'est pas donné.
6. Je vous dois combien ?
7. Ça vous fait 5 euros 90.
8. Voici votre monnaie.

Chez la fleuriste

9. Je peux vous aider, monsieur ?
10. Quel est le prix de ce bouquet de roses ?
11. Ça coûte 16 euros.
12. Elles sont à 12 euros.
13. Vous payez comment ?
14. Par carte bancaire.

À la boulangerie

15. Madame ?
16. Ce sera tout ?
17. Ça fait combien ?
18. Vous payez en espèces ?

a. Demander au/à la client(e) s'il veut autre chose.
b. Demander le moyen de paiement.
c. Demander le prix d'un produit.
d. Demander le prix total.
e. Dire le prix d'un produit.
f. Dire le prix total.
g. Dire le moyen de paiement.
h. Entrer en contact avec le/la client(e).
i. Exprimer un jugement sur le prix.
j. Rendre la monnaie.

6 **Lisez la recette et remettez les phases dans le bon ordre.**

Vous n'avez pas d'idée pour le dîner ? Pas de panique !
Découvrez 15 recettes faciles et rapides.

RECETTE N° 14 – LE CROQUE-MONSIEUR

INGRÉDIENTS

- 8 tranches de pain de mie
- 4 tranches de blanc de dinde
- 4 tranches de fromage
- 50 g de beurre
- 100 g de gruyère râpé
- 4 cuillères à soupe de lait
- du sel
- du poivre
- de la muscade

INFORMATIONS GÉNÉRALES

Préparation : 15 minutes — € Bon marché
Cuisson : 10 minutes — ★☆☆☆☆ Très facile

PRÉPARATION

Ensuite, mélangez dans un bol le fromage râpé avec le lait, le sel, le poivre et la muscade.
Puis, coupez les tranches de dinde en deux.
Enfournez sous le grill pendant 10 minutes. Servez aussitôt.
Pour commencer, beurrez les 8 tranches de pain de mie sur une seule face.
Posez 2 tranches de dinde l'une sur l'autre et 1 tranche de fromage.
Couvrez avec les tranches de pain restantes.
Répartissez le mélange sur les croque-monsieur.

L'INFO EN +

Un **croque-monsieur** ressemble à un *toast* mais il est gratiné au four.
Il en existe plusieurs variantes (avec de la sauce béchamel, par exemple).
Surmonté d'un œuf au plat, il s'appelle **croque-madame**.

Adapté de familycuisine.org

Mots et expressions

55 LES ALIMENTS

LES LAITAGES [m.] / PRODUITS LAITIERS

- le lait
- le beurre
- le fromage
- le yaourt
- la crème fraîche

LES BOISSONS [f.]

- l'eau plate ≠ pétillante
- le café
- le thé
- le soda
- le jus de fruits

LES LÉGUMES [m.]

- les épinards [m.]

- le chou

- l'aubergine [f.]

- le concombre

- les haricots verts [m.]

- la courgette
- l'artichaut [m.]
- la carotte
- les petits pois
- le poivron
- la pomme de terre
- la salade
- la tomate

LES FRUITS [m.]

- l'abricot [m.]
- l'ananas [m.]
- la banane
- la cerise
- le citron
- la fraise
- la mandarine
- le melon
- la framboise
- l'orange [f.]
- le pamplemousse
- la pêche
- le raisin
- la poire
- la pomme
- la prune

LES ASSAISONNEMENTS ET LES CONDIMENTS

- le sel
- le poivre
- l'huile [f.]
- le vinaigre
- la moutarde
- l'ail [m.]
- l'oignon [m.]

LES PRODUITS SUCRÉS

- le sucre
- le miel
- la confiture
- le chocolat
- le gâteau
- les biscuits [m.]
- les biscottes [f.]

- les viennoiseries [f.]
- la glace
- le bonbon

D'AUTRES PRODUITS

- la viande : de bœuf, de poulet, d'agneau [m.]

- le poisson
- les crustacés [m.]
- les fruits de mer [m.]

- l'œuf [m.]
- le pain
- les pâtes [f.]
- le riz
- la farine
- les céréales

Grammaire

L'IMPÉRATIF

Ne t'inquiète pas.

- On utilise l'impératif pour donner **des instructions**, **des conseils**, **des ordres** et **pour interdire**.
- L'impératif n'a que trois personnes : la 2e **personne du singulier** (*tu*), la 1e **personne du pluriel** (*nous*) et la 2e **personne du pluriel** (*vous*).
- À l'impératif **on n'utilise jamais de pronom sujet**.
- On conjugue comme au **présent**.

	venir	prendre
2a pers. sing.	viens !	prends !
1a pers. plur.	venons !	prenons !
2a pers. plur.	venez !	prenez !

ATTENTION ! Pour les verbes du **1e groupe** et le verbe ***aller***, on ne met pas le -***s*** pour la deuxième personne du singulier :

- *tu parles* › *parle !*
- *tu vas* › *va !*

- Quatre verbes ont une conjugaison irrégulière :

être	avoir	savoir	vouloir
sois !	aie !	sache !	veuille !
soyons !	ayons !	sachons !	/
soyez !	ayez !	sachez !	veuillez !

- **L'impératif négatif** :

ne + verbe à l'impératif + **pas**

- ***Ne prends pas*** *de dessert !*

- **Pour les verbes pronominaux :**
  - Forme affirmative : verbe + pronom (*te* devient *toi*).
  - Forme négative : pronom + verbe.

s'arrêter	
arrête-**toi** !	ne **t'**arrête pas !
arrêtons-**nous** !	ne **nous** arrêtons pas !
arrêtez-**vous** !	ne **vous** arrêtez pas !

1 Transformez à l'impératif.

0. Vous devez finir votre assiette. → *Finissez votre assiette !*
1. Tu dois dormir davantage. → ...
2. Vous ne devez pas vous décourager, mademoiselle. → ...
3. Nous devons savoir accepter les différences. → ...
4. Tu ne dois pas avoir peur. → ...
5. Vous devez être prudents, les enfants. → ...
6. Tu dois te dépêcher. → ...
7. Tu ne dois pas faire l'exercice n° 4. → ...
8. Nous ne devons pas prendre de risques. → ...

2 Transformez à l'impératif négatif.

1. Commence sans moi ! → ...
2. Allons au stade ! → ...
3. Approche-toi ! → ...
4. Aidez-moi ! → ...
5. Ouvrez vos cahiers ! → ...
6. Dépêchons-nous ! → ...

LES ARTICLES PARTITIFS

Il faut du beurre et de la confiture.

- On utilise les articles partitifs pour une **quantité indéterminée**. Ils s'accordent en **genre** et en **nombre** avec le nom.

	masculin	feminin
singulier	du / de l'	de la / de l'
pluriel	des	

- *Tu veux encore **du** café ?* (**du** = une tasse, une cuillère...)

- Devant une **voyelle** ou un ***h* muet**, *du* et *de la* deviennent ***de l'***.
  - *De l'eau*

- Les articles partitifs sont remplacés par ***de / d'*** :
  - après toutes les expressions qui indiquent une quantité (*trop, beaucoup, assez, suffisamment, un peu, peu, un morceau de, plus, moins, combien ?, un kilo, un litre...*) :
    - ***Combien de** sucre il faut mettre ?*
    - *À mon avis, il y a **trop d'**argent dans le monde du football.*
    - *Il reste **un morceau de** fromage : tu le veux ?*
  - dans les phrases négatives (→ p. 91).

3 Remplacez les articles définis par les articles partitifs correspondants.

0. le pain → Je vais acheter du pain.
1. le chocolat → Je voudrais ... .
2. l'huile d'olive → Nous utilisons ... .
3. les pâtes → Je cuisine ... .
4. le thé → Vous voulez ... ?
5. la viande grillée → Maman prépare ... .
6. le poulet → Tu prends ... ?

4 Complétez avec les articles partitifs ou *de / d'*.

7. – C'est ... confiture ? – Non, c'est un pot ... miel.
8. Pour cultiver ces légumes, il faut ... eau, beaucoup ... eau.
9. À votre avis, combien ... argent il faut pour vivre heureux ?
10. Je prépare ... riz ou vous préférez ... pâtes ?
11. En ce moment j'ai trop ... travail et peu ... temps.
12. Plus ... sport, moins ... stress !
13. Je mange ... poisson deux fois par semaine.
14. Tu n'as pas suffisamment ... expérience pour obtenir ce poste.

TRÈS OU *BEAUCOUP (DE)* ?

Il n'est pas très loin de chez nous.
Il y a beaucoup de boutiques.

- On utilise ***très*** avec les **adjectifs** ou les **adverbes** :
  - *Nous sommes **très** contents d'être ici.*
  - *Tu parles **très** bien français !*
- On utilise ***beaucoup*** avec les **verbes** :
  - *J'apprécie **beaucoup** votre présence.*
- On utilise ***beaucoup de / d'*** avec les **noms** :
  - *Ils mangent **beaucoup de** riz.*

5 **Complétez avec *très*, *beaucoup* ou *beaucoup de*.**

1. Ces fruits sont ... sucrés : je les aime ... .
2. Je marche ... rapidement parce que je suis ... pressé.
3. Cet homme est ... riche : il a ... argent.
4. ... personnes sont ennuyeuses parce qu'elles parlent ... .
5. Nous acceptons ... volontiers votre proposition : elle est ... intéressante.

LE PRONOM *EN* (LA QUANTITÉ)

Nous n'*en* avons plus.

- On utilise le pronom ***en*** pour remplacer une chose avec :
  - un **article indéfini** (*un, une, des*) :
    - *Elle fait des gâteaux.* › *Elle **en** fait.*
  - un **article partitif** (*de, de la, de l'*) ou ***de***:
    - *Tu veux encore du café ?* › *Tu **en** veux encore ?*
    - *Ils n'ont pas d'enfants.* › *Ils n'**en** ont pas.*
    - *Il y a beaucoup de touristes.* › *Il y **en** a beaucoup.*
  - un **nombre** :
    - *Ils ont quatre chats.* › *Ils **en** ont quatre.*
- **Impératif affirmatif** : verbe + ***en*** avec un trait d'union obligatoire (-) :
  - *Prenez des bonbons.* › *Prenez-**en**.*
- **Impératif négatif** : n' + ***en*** + verbe + ***pas***
  - *Ne mettez pas de sel. N'**en** mettez pas.*

6 **Remplacez les mots soulignés par *en*.**

1. Vous prenez encore de la salade ?
2. Dans ce gâteau, il n'y a pas de sucre.
3. Ils ne font pas beaucoup de fautes.
4. Je voudrais encore six œufs.
5. On ne doit pas mettre trop de sel.
6. Nous devons préparer une tarte salée.

7 **Remplacez les mots soulignés par *en* ou par un pronom COD (*le*, *la*, *les*).**

1. J'adore cette chanson !
2. Nous ne mangeons pas de pâtes tous les jours.
3. Prenez encore un peu de dessert !
4. N'achetons plus de pain !
5. Combien de jeux vidéo tu possèdes ?
6. Tu ne termines pas ta crêpe ?

LE PASSÉ COMPOSÉ AVEC AVOIR

J'ai vu des photos sur Internet.

- **Formation** :

Pour former le passé composé :

Sujet + **présent de l'auxiliaire** (*avoir*) + **participe passé** du verbe

- *Véro **a acheté** du beurre.*

Pour la **forme négative**, on place *ne* avant et *pas* après l'auxiliaire.

- *Nous **n'**avons **pas** oublié le cadeau.*

- **Le participe passé**

Pour former le *participe passé* des verbes du premier groupe : on remplace la terminaison *-er* par ***-é***.

- *parl**er** → parl**é** – achet**er** → achet**é** – mang**er** → mang**é***

Pour certains verbes, le participe passé doit être mémorisé :

- *être → été*
- *faire → fait*
- *ouvrir → ouvert*
- *avoir → eu*
- *offrir → offert*
- *voir → vu*

8 **Écrivez ces phrases au passé composé.**

1. Nous achetons des fraises.
2. Anne et Adrien mangent beaucoup de bonbons.
3. Sylvie ouvre une librairie.
4. Tu vas à la boulangerie ?
5. Vous voyez une patisserie dans cette rue ?

LA PHRASE NÉGATIVE (2)

Nous n'**en** avons plus.

■ L'adverbe *pas* peut être remplacé par d'autres mots qui précisent le sens de la négation :
- ***jamais*** (fréquence) : *Tu **ne** regardes **jamais** les infos à la télé ?*
- ***plus*** (temps) : *Dans ce village il **n'y** a **plus** de boulangerie.*
- ***rien*** (quantité) : *Marcel va bien, il **n'a** **rien** de grave.*

■ Dans les phrases **négatives**, les **articles indéfinis** et les **articles partitifs** sont remplacés par ***de*** / ***d'*** (*pas de* = 0) :
- *J'ai un ordinateur portable.*
  › *Je **n'ai pas d'**ordinateur portable.*
- *Elle mange toujours du fromage.*
  › *Elle **ne** mange **jamais de** fromage.*

ATTENTION ! Avec ***ce n'est pas*** ou ***ce ne sont pas***, les articles **ne changent pas** :
- *Ce ne sont pas **des** règles difficiles.*
- *Ce n'est pas **de la** confiture, c'est du miel.*

9 **Répondez négativement en utilisant *plus*, *jamais* ou *rien*.**

0. – Vous êtes encore malade ? Non, je ne suis plus malade.
1. – Est-ce qu'il reste quelque chose à boire ?
2. – Ils ont toujours faim ?
3. – Est-ce que tu en veux encore ?
4. – Il y a quelque chose d'intéressant à la télé ?
5. – Tu as encore besoin de moi ?
6. – Vous mangez souvent du poisson ?

10 **Complétez avec les articles (définis, indéfinis, partitifs) ou avec *de* / *d'*.**

1. Merci, pas ... dessert pour moi ; je prends juste ... café.
2. Ce n'est pas ... recette difficile, mais elle demande ... temps.
3. J'ai invité ... amis à dîner mais je n'ai pas ... idée pour le menu !
4. ... thé et ... café, ce ne sont pas ... boissons pour les enfants.

IL FAUT

Il faut du beurre et de la confiture.

■ Le verbe impersonnel *falloir* montre la **nécessité** ou l'**obligation**.

■ Il n'existe qu'à la **3e personne du singulier** : *il faut.*

■ Il peut être suivi d'un **infinitif** ou d'un **nom** :
- ***Il faut manger** pour vivre.*
- *Pour cette recette, **il faut des ingrédients** exotiques.*

11 **Complétez librement en utilisant *il faut* et *il ne faut pas*.**

0. Pour être en bonne santé, il faut faire du sport / il ne faut pas fumer.
1. Pour faire des progrès en français, ...
2. Pour avoir beaucoup d'amis, ...
3. Pour organiser un voyage, ...

C'EST / IL EST (2)

Elle est sympa ! **C'est** parfait !

- On utilise ***il est*** / ***elle est*** / ***ils sont*** / ***elles sont*** devant un **adjectif** pour parler d'une chose ou d'une personne **spécifique** :
  - *Ta nouvelle voisine, **elle est** sympa !*
  - *L'exercice n° 3 ? **Il n'est** pas facile.*
  - *– Comment vous trouvez ces chansons ?*
    *– **Elles sont** géniales !*
- On utilise ***c'est*** **devant un adjectif**. L'adjectif reste au masculin.
  - *Des fleurs pour moi ? **C'est** mignon !*
  - *Avoir de bonnes notes, **ce n'est** pas toujours facile.*
  - *– Que pensez-vous de ce qu'ils ont fait ?*
    *– **C'est** génial !*

12 **Complétez avec *c'est* ou *il est* / *elle est* / *ils sont* / *elles sont*.**

1. Cette tarte aux pommes, ... délicieuse !
2. Le téléphone portable, ... tellement pratique !
3. Avant un examen, ... normal d'être agité, non ?
4. Ces boissons, ... bien sans sucre, n'est-ce pas ?
5. Ludovic est resté à la maison : ... fatigué.
6. – Tu t'entends bien avec tes nouveaux voisins ? – Oui, ... très sympas.

LES VERBES *DEVOIR, POUVOIR, SAVOIR, VOULOIR*

devoir	pouvoir	savoir	vouloir
je dois	je peux	je sais	je veux
tu dois	tu peux	tu sais	tu veux
il / elle / on doit	il / elle / on peut	il / elle / on sait	il / elle / on veut
nous devons	nous pouvons	nous savons	nous voulons
vous devez	vous pouvez	vous savez	vous voulez
ils / elles doivent	ils / elles peuvent	ils / elles savent	ils / elles veulent

13 **Conjuguez les verbes entre parenthèses au présent de l'indicatif.**

7. Pourquoi tu ne ... [pouvoir] pas m'aider ?
8. Ces recettes ... [pouvoir] être réalisées en moins de 20 minutes.
9. Élise ... [vouloir] devenir mannequin.
10. Je ne ... [savoir] plus combien coûtent ces produits.
11. Mes amis ne ... [vouloir] pas sortir ce soir.
12. Yves ne joue pas mal, mais il ... [devoir] encore faire des progrès.

Phonétique

LES SONS [ø] / [œ]

▶ 61 **Écoutez et répétez.**

[ø] peu · chanteuse · lieu · heureux · peut

[œ] peur · chanteur · neuf · meuble · peuvent

➜ Phonétique, p. 175

Communication

62 DEMANDER ET DIRE LE PRIX

LE CLIENT	LE COMMERÇANT
• Combien ça coûte ? / Ça coûte combien ? • Ce(s) pot(s) de confiture, c'est combien ?	• Ça coûte 2 €. • C'est 2 €.
• Combien coûte(nt) ce(s) citron(s) ? • Quel est le prix de ce(s) fromage(s) ?	• Il est à / Ils sont à 2 € le kilo / les cent grammes / la pièce. • Il(s) coûte(nt) 2 € le kilo / les cent grammes / la pièce.
Ça fait combien ? / Combien je vous dois (en tout) ?	Ça (vous) fait 15 €.
	• Vous avez de la monnaie ? • Voilà / Voici votre monnaie.

🙂	🙁
Le prix est bas / raisonnable.	Le prix est élevé.
Ce n'est pas cher.	C'est (trop) cher.
C'est donné.	Ce n'est pas donné.
C'est bon marché.	Ça coûte un bras.
C'est gratuit.	Ça coûte les yeux de la tête.

Payer... • en espèces / en liquide / cash. • par chèque. • par carte (bancaire) / par carte bleue.
un billet (de dix euros)
une pièce (de 20 centimes)

1 63 **Écoutez et complétez.**

Le marchand C'est à vous, mademoiselle ?
Nathalie Oui. Ces pommes de terre, (1) ... ?
Le marchand 1 € 20 (2) ... .
Nathalie D'accord. Il m'en faut trois kilos. Et (3) ... melons ?
Le marchand 3 € 10 (4) ... . Ils sont très sucrés : goûtez !
Nathalie Hmm, c'est délicieux : j'en prends deux.
Le marchand Ce sera tout ?
Nathalie Non, vous avez du miel ?
Le marchand Bien sûr : le pot de 250 grammes (5) ... 5 € 70.
Nathalie C'est (6) ... !
Le marchand Vous savez, le miel bio est cher...
Nathalie D'accord. (7) ... ?
Le marchand 15 € 50 en tout.
Nathalie Voilà (8) ... de 20.
Le marchand Vous n'avez pas 50 (9) ... ?
Nathalie Si, les voilà.
Le marchand Et (10) ... . Au revoir, mademoiselle.

2 **Complétez (plusieurs réponses possibles).**

1. – Bonjour. ... cette barquette de fraises ?
   – 2 € 50.
2. – Quel est le prix de ces carottes ?
   – 4 € le kilo, madame. Ce sont des carottes bio.
   – ... ! Je ne les achète pas.
3. – ... ?
   – Non, désolé. Seulement par carte.
4. – Un kilo de pommes, s'il vous plaît.
   – Bien, monsieur. Et avec ceci ?
   – Deux kilos de poires. ... ?
   – ... 5 € 80.

64 FAIRE DES ACHATS

LE COMMERÇANT	LE CLIENT
C'est à qui (le tour) ?	À moi.
Je peux vous aider ?	Je voudrais... / Il me faut...
• Et avec ceci / ça ? • Vous désirez autre chose ?	• Je voudrais encore... • Oui, je (vous) prends aussi...
Ce sera tout ?	Oui, ce sera tout, merci.
Je vous conseille...	Qu'est-ce que vous me conseillez ?

3 65 **Remettez le dialogue dans le bon ordre, puis écoutez et vérifiez votre réponse.**

À la librairie

a. Alors je vous conseille ce livre-ci. Il y a beaucoup de dessins.
b. Bien sûr. Suivez-moi.
c. Bonjour, madame. Je peux vous aider ?
d. C'est parfait ! Je peux vous payer par carte bancaire ?
e. Il me faut un livre de recettes : ma belle-fille ne sait pas faire la cuisine ! Qu'est-ce que vous me conseillez ?
f. Il sait déjà lire ?
g. Oui, un peu. Il a 6 ans.
h. Oui. Je cherche un cadeau pour mon petit-fils.
i. Très bien. Il est très coloré.
j. Voici le best-seller du moment. Il est plein de recettes très faciles.
k. Vous désirez autre chose ? Nous avons beaucoup de nouveautés.

4 **Regardez la vidéo *Les courses* et trouvez l'image qui correspond aux achats.**

a.

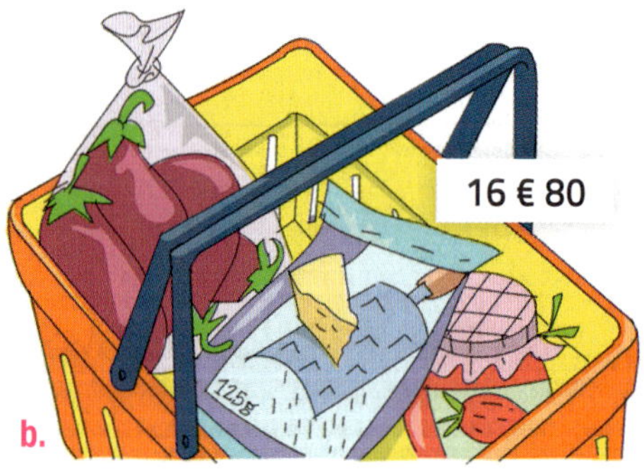

b.

5 **Complétez (plusieurs réponses possibles).**

Le boulanger (1) ... ?
La cliente C'est à moi. Je voudrais trois baguettes bien cuites, s'il vous plaît.
Le boulanger (2) ... ?
La cliente Oui. Je (3) ... encore quatre croissants.
Le boulanger Désolé, je n'en ai plus. (4) ... nos pains au chocolat : ils sont excellents !
La cliente D'accord. (5) ... , merci.
Le boulanger Ça vous fait 7 € 55.

6 **EN GROUPE Formez des groupes de trois (deux clients et un commerçant) et jouez un dialogue avec les éléments suivants :**

- vous devez acheter au moins trois produits
- un produit n'est pas disponible
- il faut commenter le(s) prix
- il y a un problème au moment de payer

7 À DEUX **Choisissez une recette et faites la liste des ingrédients. Puis imaginez les dialogues avec les différents commerçants et jouez-les avec vos camarades.**

66 EXPLIQUER UNE RECETTE DE CUISINE

couper

fouetter, battre

frire

remuer

assaisonner

- ajouter, incorporer
- beurrer, huiler
- bouillir
- chauffer
- (faire, laisser) cuire
- enfourner
- éplucher, peler
- laver, nettoyer
- mélanger
- saler, poivrer
- servir
- verser

8 **Choisissez les verbes qui conviennent.**

La tarte Tatin

- Réalisez un caramel blond avec le sucre et le beurre et [versez / incorporez]-le dans un moule.
- [Remuez / Épluchez] les pommes.
- [Battez / Coupez] les pommes en six quartiers et rangez-les au fond du moule caramélisé.
- Placez le moule sur le feu et faites [cuire / frire] les pommes une dizaine de minutes dans le caramel.
- Recouvrez le moule de pâte feuilletée et [enfournez / mélangez] à four chaud (30 min. à 180 °C).
- Attendez 20 minutes avant de [chauffer / servir] la tarte Tatin dans le plat de service en la retournant d'un seul coup.

9 **Vous participez à Top Chef et l'épreuve d'aujourd'hui consiste à préparer un plat original à partir des ingrédients de la *boîte mystère*. Vous pouvez utiliser les condiments et un ingrédient supplémentaire de votre choix. Donnez un nom à votre plat et écrivez-en la recette.**

Révisez avec le test de fin d'unité.

Le gaspillage alimentaire

OBJECTIF 2

« Zéro faim » : lutter contre le gaspillage alimentaire

QU'EST-CE QUE C'EST, LE GASPILLAGE ALIMENTAIRE ?

C'est toute la nourriture perdue, jetée ou dégradée à une des étapes de la chaîne alimentaire.

En France, nous gaspillons 10 millions de tonnes par an (environ 16 milliards d'euros !). Cela représente 7 % des émissions nationales de gaz à effet de serre.

Dans chaque foyer, on jette 30 kg de nourriture par personne et par an (ces 30 kg comprennent 7 kg de déchets alimentaires encore emballés).

AGENDA 2030
COMPRENDRE ET AGIR !

En septembre 2015, les 193 États membres de l'ONU se fixent un objectif de développement durable pour 2030. Le plan d'action se développe sur 17 objectifs et vise :

1. *les populations*
2. *la planète*
3. *la paix*
4. *la prospérité*

L'agenda 2030 est universel : il s'applique à toutes les personnes, sur toute la Terre. Il couvre toutes les questions de société.

Au collège et au lycée, on gaspille aussi !

LE GASPILLAGE ALIMENTAIRE DANS LES CANTINES SCOLAIRES

70 g par repas et par personne en primaire

150 g par repas et par personne au lycée

135 g par repas et par personne au collège

30 à 40 % de la quantité des produits du repas (de la préparation à la consommation) finit à la poubelle

Et toi, qu'est-ce que tu peux faire ?

ÉVITER LE GASPILLAGE ALIMENTAIRE

Agir seul(e) au restaurant scolaire

- Se servir en fonction de son appétit : ne pas surcharger le plateau pour ne rien laisser.
- Ne prendre qu'un morceau de pain et se resservir si besoin.
- Prévenir la personne qui fait le service si vous n'avez pas très faim.

Agir en groupe

- Élaborer un gâchimètre pour le pain.
- Proposer des actions anti-gaspi aux responsables de la restauration scolaire.

1 Vrai ou faux ?

1. L'agenda 2030 a pour seul objectif de réduire le gaspillage alimentaire.
2. En France, on jette l'équivalent de 16 milliards d'euros par an.
3. Chaque personne jette en moyenne 7 kg de nourriture par jour.
4. Il y a des solutions pour réduire le gaspillage dans les cantines.

2 Répondez aux questions.

1. Regardez l'infographie « Le gaspillage alimentaire dans les cantines scolaires », qu'est-ce que vous constatez ?
2. Lisez la liste des conseils pour éviter le gaspillage à la cantine. Indiquez quels conseils vous pouvez suivre ou ceux que vous appliquez déjà. Expliquez.
3. Dans votre pays, est-ce qu'on assiste au même phénomène ? Expliquez pourquoi.

3 En vous basant sur l'infographie « Éviter le gaspillage alimentaire », listez les 5 actions à mener seul(e) ou en groupe et à afficher dans votre cantine (ou chez vous).

5 GRAMMAIRE

1. Lisez les phrases : les actions se déroulent dans le passé, dans le présent ou dans le futur ?
   a. Elle **est en train de ranger** les courses.
   b. Ta sœur **va être** super contente !
   c. Je **viens de trouver** le cadeau d'anniversaire pour Alice.
2. Répondez aux questions.

a. La forme ***être en train de*** + **infinitif** indique une action en cours de réalisation ou une action habituelle ?
b. La structure ***aller*** + **infinitif** indique une action dans un futur proche ou une action hypothétique ?
c. La structure ***venir de*** + **infinitif** indique une action terminée il y a très peu de temps ou il y a très longtemps ?

→ Les gallicismes, p. 102

6 Vers le DELF **Lisez les messages (1-6) et associez-les à l'occasion (a-f) correspondante.**

a. une invitation
b. une communication
c. des vœux
d. un remerciement
e. un refus
f. une acceptation

1

De : anne78@yahoo.cam
À : bdurand@orange.fra; caro_legrand@gmail.cam; ludo-80@gmail.cam
Objet : anniversaire Alice

Salut, les amis !
Je suis en train d'organiser une fête surprise pour les 10 ans d'Alice. Vos enfants sont tous invités.
Rendez-vous chez nous samedi prochain à 16h30.
Merci de confirmer avant jeudi.
Amicalement,

Anne

2

De : bdurand@orange.fra
À : anne78@yahoo.cam
Objet : Re: anniversaire Alice

Bonjour Anne.
Je te remercie pour ton invitation.
Brice va être super content d'y participer.
À samedi.

Bruno

3

De : caro_legrand@gmail.cam
À : anne78@yahoo.cam
Objet : Re: anniversaire Alice

Chère Anne, je regrette mais samedi Cécile doit être à Bourges pour une compétition de natation synchronisée.
Merci quand même.

Caroline

4

Tu deviens grande, ma puce !
10 ans déjà !
Je te souhaite tout le bonheur du monde.

Tante Odile

5

Coucou, maman
Ouvre ta boîte mail : je t'ai transféré une brochure sur Colmar.
Dis-moi ce que tu en penses.
12:13

6

CHÈRE MAMIE,
TON CADEAU EST SUPER !
J'ADORE LE PATINAGE !
JE VAIS M'AMUSER.
JE T'EMBRASSE.
ALICE

7 **Cherchez dans les messages les expressions utilisées pour... (plusieurs réponses possibles).**

1. inviter
2. communiquer la date et l'heure d'un évènement
3. présenter ses vœux
4. accepter une invitation
5. refuser une invitation
6. demander de confirmer une invitation
7. commencer un message informel
8. conclure un message informel

Mots et expressions

68 LES SORTIES

- un match › un stade

- un débat, une conférence › une salle de conférences

- une pièce de théâtre, un spectacle › un théâtre

- faire les magasins / faire du shopping › un centre commercial

- une promenade › un parc, un jardin

- une exposition › un musée

- une soirée, une fête

- un concert › une salle de concert

- un film › un cinéma
- prendre un verre › un café
- un festival
- un repas en famille / entre amis › un restaurant, une brasserie, une pizzeria
- patiner › une patinoire

LE FRANÇAIS QUI SE CAUSE

- un cinéma › un ciné / un cinoche
- un restaurant › un resto

1 **Regardez les photos et dites ce que ces personnes vont faire pendant leurs vacances.**

1. Pauline va … .

2. Loïc va … .

3. François va … .

4. Jules et Marie vont … .

5. Amina et Sarah vont … .

6. Marc et ses amis vont … .

2 69 **Vers le DELF** **Dans quels lieux on prononce ces phrases ? Écoutez et complétez.**

1. …
2. …
3. …
4. …
5. …
6. …

70 LES SAISONS

- le printemps, au printemps
- l'été [*m.*], en été
- l'automne [*m.*], en automne
- l'hiver [*m.*], en hiver

3 **Complétez avec les noms des saisons et les prépositions appropriées.**

1. ... les feuilles deviennent jaunes puis tombent.
2. On fête la Saint-Sylvestre ... , le 31 décembre.
3. ... , on peut cueillir de beaux bouquets de fleurs.
4. Mon anniversaire tombe ... : en effet, je suis né le 12 août.

71 LES FÊTES

- le jour de l'An (1er janvier)
- l'Épiphanie / le jour des Rois (6 janvier)
- la Chandeleur (2 février)
- la Saint-Valentin (14 février)
- le carnaval / Mardi gras
- Pâques
- la fête du Travail (1er mai)
- la fête de la Musique (21 juin)
- la fête nationale française (14 juillet)
- Halloween (31 octobre)
- Noël (25 décembre)
- la Saint-Sylvestre (31 décembre)
- fêter une naissance / un succès
- célébrer un anniversaire
- organiser une surprise-partie
- souhaiter / le souhait
- porter un toast
- un carton / une carte d'invitation
- une carte de vœux
- un cadeau
- un bouquet de fleurs
- un gâteau (d'anniversaire, de mariage)

L'INFO EN +

Les **jours fériés** sont les jours des fêtes légales (11 en France) et les jours de la semaine où l'on ne travaille pas ; tous les autres sont les **jours ouvrables**.

4 **Renseignez-vous sur Internet et dites quelles sont les fêtes légales en France. Ce sont les mêmes dans votre pays ?**

5 72 **Écoutez et associez la tradition à la fête correspondante.**

a. le jour des Rois
b. la Chandeleur
c. la Saint-Valentin
d. carnaval
e. Pâques
f. la fête du Travail
g. la fête de la Musique
h. la fête nationale
i. la Sainte-Catherine (25 novembre)
j. Noël

73 LES MESSAGES

- une lettre
- une carte postale
- un e-mail / un mail / un courriel
- un SMS / un texto
- un message (WhatsApp)
- l'expéditeur
- le destinataire
- la date
- l'objet [*m.*]
- la signature
- l'adresse [*f.*] postale / électronique
- le code postal
- la ville
- le pays
- l'arobase [*f.*]
- le tiret / le tiret du six
- le tiret bas / le tiret du huit
- le point

6 74 **Écoutez et trouvez les adresses e-mail.**

1. …
2. …
3. …
4. …

7 De quoi il s'agit ? Trouvez les mots correspondant aux numéros.

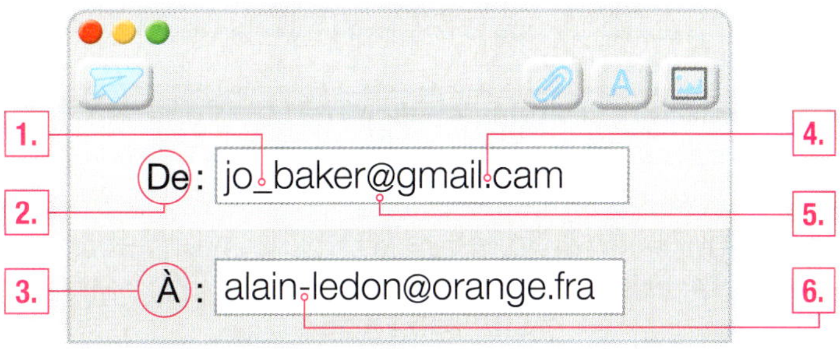

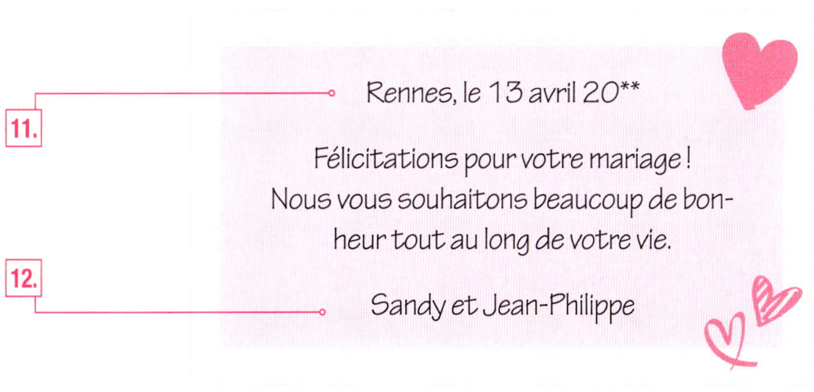

Grammaire

LE PRÉSENT PROGRESSIF

Je **suis en train d'organiser** une fête surprise.

présent progressif
être (présent de l'indicatif) + **en train de** + verbe (infinitif)
*En ce moment Frédéric **est en train d'écrire** un e-mail.*

- Le ***présent progressif*** s'utilise pour parler d'une action en cours de réalisation.

ATTENTION ! Les pronoms compléments et les pronoms réfléchis se placent avant le verbe à l'infinitif.
- *Elle est en train de **se** maquiller.*

1 **Complétez avec les verbes proposés conjugués au présent progressif.**

écouter • regarder • ~~faire~~ • se moquer • organiser • pleurer • réviser

0. Je suis en train de faire une promenade.
1. Je crois que les enfants … un film d'animation.
2. Nous … nos prochaines vacances.
3. Pourquoi Estelle … ? Qu'est-ce qu'elle a ?
4. Qu'est-ce que tu … ? Une chanson de Maître Gims ?
5. Vous … de moi ? Ce n'est pas gentil !
6. Désolé, je ne peux pas sortir : je … pour l'interro de demain.

LE PASSÉ RÉCENT

Je **viens de trouver** le cadeau pour Alice.

passé récent
venir (présent de l'indicatif) + **de** + verbe (infinitif)
*Zut ! Le train **vient de partir** !*

- Le ***passé récent*** s'utilise pour parler d'une action qui vient de se terminer.

ATTENTION ! Les pronoms compléments et les pronoms réfléchis se placent avant le verbe à l'infinitif.
- *Je viens d'**en** parler au directeur.*

2 **Répondez avec les mots proposés et conjuguez les verbes au passé récent.**

0. – Dimanche nous allons voir le dernier film de Tarantino. Vous venez avec nous ?
   – non / nous / le / voir → Non, nous venons de le voir.
1. – Tu es prête pour partir ? – non / je / se lever
2. – L'autoroute est bloquée ? – oui / il / y avoir / accident
3. – Les voisins sont encore là ? – non / ils / partir
4. – Vous avez une nouvelle adresse ? – oui / nous / changer de maison
5. – Il y a une surprise pour moi ? – oui / tu / être nommé / président du club
6. – Le bus est déjà passé ? – oui / vous / le / rater

LE FUTUR PROCHE

On va s'amuser !

futur proche
aller (présent de l'indicatif) + verbe (infinitif)
*Dépêchons-nous : le train **va partir** !*

- Le ***futur proche*** s'utilise pour parler d'une action imminente, dans un futur immédiat.
- À l'oral, on utilise très souvent le futur proche, en particulier quand on exprime une intention :
  - *Après le bac, je vais m'inscrire à la fac de médecine.*

ATTENTION ! Les pronoms compléments et les pronoms réfléchis se placent avant le verbe à l'infinitif.
- *Nous allons **les** envoyer tout de suite.*

3 **Conjuguez les verbes entre parenthèses au futur proche.**

0. Où est-ce que tu vas partir [partir] en vacances ?
1. Mes parents ... [voir] une exposition d'art contemporain.
2. Nous ... [se marier] au printemps.
3. Quel cadeau est-ce que vous ... [offrir] à Alice ?
4. Samedi, on ... [manger] au restaurant et dimanche, on ... [faire] une randonnée à la montagne.
5. Ce soir je ... [ne pas pouvoir] venir au cinéma avec vous.

LES PRONOMS PERSONNELS COI

Mamie veut lui offrir des patins à glace.

- On utilise **les pronoms personnels COI** (*compléments d'objet indirect*) pour remplacer des **personnes**. Ils répondent à la question « à qui ? ».

	1e pers.	2e pers.	3e pers.	
			masculin	feminin
singulier	me / m'	te / t'	lui	
pluriel	nous	vous	leur	

- Devant une **voyelle** ou un ***h* muet**, *me* et *te* deviennent ***m'*** et ***t'***. Avec *nous* et *vous*, il faut faire la **liaison**.
  - *Tu **m'**envoies ton adresse ?*
  - *Il **nous**‿offre un cadeau.*
- On utilise le pronom ***lui*** pour **le masculin** et **le féminin**.
  - *Je téléphone à Gérard. › Je **lui** téléphone.*
  - *Tu as écrit à Marie ? › Tu **lui** as écrit ?*
- Au présent de l'indicatif, les pronoms COI sont devant le verbe et à l'impératif, ils sont après le verbe :
  - *Je regarde **mon frère**. › Je le regarde.*
  - *Regarde **ton frère** ! › Regarde-le !*

4 **Complétez avec les pronoms COI qui correspondent aux compléments entre parenthèses.**

0. [à Thomas] Tu lui envoies un texto ?
1. [à vous] À quelle heure je peux ... téléphoner ?
2. [à la dame] Les touristes ... demandent leur chemin.
3. [à moi] Ce film ne ... fait pas peur.
4. [à nous] Nos parents ne ... permettent pas de sortir seuls le soir.
5. [à toi] Nous allons ... offrir une seconde chance.
6. [aux inconnus] Ne ... donne pas ton adresse e-mail !

5 Répondez avec un pronom COI ou *à* + pronom tonique.

1. – Est-ce que tu me conseilles d'aller voir ce film ? – Oui, je … .
2. – Est-ce que tu penses souvent à tes anciens profs ? – Non, je … .
3. – Est-ce qu'elles s'adaptent à leurs nouvelles collègues ? – Oui, elles … .
4. – Est-ce que vous lisez des fables à votre fille ? – Oui, nous … .

LE PRONOM *Y*

Tout le monde va y trouver son bonheur !

- Le pronom ***y*** remplace un **complément indirect (lieux, animaux, choses, idées)** introduit par la préposition *à* ou par les articles contractés *au, à la, à l', aux.*
  - *Vous participez au concours de chant ?*
    › *Vous **y** participez ?*
- Il remplace aussi les **compléments de lieu et de déplacement** introduits par les prépositions : *à, dans, chez, sur, etc…*
  - *Sacha habite à Toulouse depuis 10 ans.*
    › *Sacha **y** habite depuis 10 ans.*
  - *Quand est-ce que tu vas chez le dentiste ?*
    › *Quand est-ce que tu **y** vas ?*
- Le pronom *y*, comme les pronoms COD et COI se place généralement avant le verbe.
  - *J'**y** vais demain.*

6 Remplacez, quand c'est possible, les mots soulignés par *y*.

1. Amélie va à Colmar pour les fêtes de Noël.
2. Ils n'habitent plus dans ce quartier.
3. Je vais visiter Barcelone l'été prochain.
4. Ne participez pas à cette compétition !
5. Luc lit un livre dans sa chambre.
6. Tu t'intéresses à cet artiste ?
7. On n'a jamais exploré cette grotte.
8. Vous jouez au foot tous les jours ?

LA POSITION DES PRONOMS COMPLÉMENTS

Viens me voir quand tu as le temps.

- Les pronoms **COD** et **COI**, ***en***, ***y*** et les **pronoms réfléchis** se placent toujours dans le même ordre :
  - **avant le verbe** :
    - *Ils **se** souviennent toujours de mon anniversaire.*
    - *Des erreurs, on n'**en** fait pas beaucoup.*
    - *Ce train, **le** prenez-vous souvent ?*
  - aux temps composés, **avant l'auxiliaire** :
    - *Je n'**y** suis jamais allé.*
    - *Nous **leur** avons téléphoné hier.*
  - **avant un verbe à l'infinitif** :
    - *Je veux **te** revoir le plus tôt possible !*
    - *Nous n'allons pas **vous** oublier.*
- À l'impératif :
  - **forme affirmative :** le pronom est après le verbe, et on utilise un trait d'union (-).
    - *Demande-**lui** ce qu'il veut !*
  - **forme négative :** le pronom est avant le verbe.
    - *Ne **la** réveillez pas !*

ATTENTION ! À la 2e personne du singulier, devant *en* et *y*, le verbe garde son *-s* :
- ***Parle*** *de ton problème au directeur.*
  › ***Parles-en*** *au directeur.*
- *Va dans ta chambre !* › ***Vas-y*** *!*

7 Remplacez les mots soulignés par les pronoms qui conviennent (COD, COI, *en*, *y*).

0. Je vais rencontrer Issa dans dix minutes.
   → *Je vais le rencontrer dans dix minutes.*
1. Clémentine ne fait jamais de fautes.
2. Est-ce qu'on peut visiter la cathédrale ?
3. La maîtresse apprend aux écoliers la table de multiplication.
4. On vient de donner un prix à cet élève.
5. Il faut aller immédiatement à l'hôpital !

8 **Transformez à l'impératif (affirmatif et négatif) en utilisant les pronoms qui conviennent.**

1. Tu dois te laver les mains.
2. Vous devez faire des exercices de maths.
3. Nous devons réfléchir à cette proposition.
4. Tu dois terminer cette traduction avant ce soir.
5. Vous devez m'attendre à la sortie.
6. Nous devons nous approcher.

LES NOMBRES ORDINAUX

C'est la **dixième** fois que je l'appelle.

■ Pour former un nombre ordinal, on ajoute ***-ième*** au nombre cardinal (deux, trois, etc.). Pour les nombres cardinaux qui se terminent par *-e* (quatre, onze, douze, etc.), on supprime le *-e* et on ajoute ***-ième*** :
• *quarante et un › quarante et unième*

ATTENTION ! *un › premier / première* • *deux › deuxième* ou *second* (s'il n'y a que deux éléments) • *cinq › cinquième* • *neuf › neuvième*

■ Les nombres ordinaux **s'accordent**.
• ***Karima*** *est arrivée premi**ère**.*

9 **Complétez avec les nombres ordinaux.**

1. Ils ont deux petites-filles : la ... a 16 ans et la ... 12.
2. Le jeudi est le ... jour de la semaine et le samedi est le ... .
3. Le M est la ... lettre de l'alphabet français et le S est la ... .
4. Février est le ... mois de l'année et mai est le ... .

▶ 76 LES VERBES *ÉCRIRE* ET *VOIR*

écrire	voir
j'écris	je vois
tu écris	tu vois
il / elle / on écrit	il / elle / on voit
nous écrivons	nous voyons
vous écrivez	vous voyez
ils / elles écrivent	ils / elles voient

■ Les verbes *décrire*, *s'inscrire*, *prescrire*, *transcrire* etc. se conjuguent comme *écrire*.

10 **Conjuguez les verbes au présent de l'indicatif.**

1. Amène l'exercice que tu n'as pas compris et on le ... [revoir] ensemble.
2. Cet article ... [décrire] comment configurer un compte e-mail.
3. Pourquoi vous ... [ne pas s'inscrire] au cours de zumba ?
4. Tu n'appelles jamais, tu ... [ne jamais écrire] : qu'est-ce qui se passe ?
5. Céline et moi, nous ... [se voir] tous les samedis.
6. Ces professeurs ... [ne pas voir] que les élèves sont en train de copier.

Phonétique

→ Phonétique, p. 175

LE *E* CADUC OU INSTABLE [ə]

■ Quand une syllabe se termine par un *e*, et ne porte pas d'accent, on lit [ə], un son intermédiaire entre [œ] et [ø].
• *mercredi* • *entre les murs* • *un risque grave* • *Paul ne sait pas* • *pour le médecin*.

▶ 75 **Écoutez et barrez les e qui ne sont pas prononcés.**

0. Il arriv~~e~~ à quell~~e~~ heur~~e~~ ?
1. une fenêtre
2. la fenêtre
3. la semaine
4. une semaine
5. Je ne sais pas.
6. Paul ne sait pas.
7. pour le médecin
8. chez le médecin
9. en face de la poste
10. à côté de la poste

78 ÉCRIRE UN MESSAGE AMICAL

POUR COMMENCER
(Mon) cher / (Ma) chère...
Salut / Coucou.

POUR CONCLURE
À bientôt.
Gros bisous.
Bises / Grosses bises.
Je t'embrasse.
Tu me manques.
Amicalement.
Amitiés.

7 **Complétez les messages suivants.**

1

De : marina_marchand@orange.fra
À : lily02@orange.fra
Objet : bien arrivée

... !
Je suis arrivée à Milan. Le voyage s'est bien passé. Maintenant je suis dans ma chambre à l'hôtel. Les élèves sont tous dans leurs familles d'accueil et moi, je peux me reposer un peu.
... ! ... !
Marina

2

Montréal, le 14 juillet 20**
..., le Québec, c'est fantastique !
Il fait assez chaud, on mange bien.
Je n'ai pas envie de rentrer en France !!!
...
Annabelle

Marion Leroy
25, rue du Chemin-Vert
13005 Marseille
FRANCE

3

...
N'oublie pas d'acheter du lait pour demain ! Il n'y en a plus dans le frigo.
...
Dany

8 **Vers le DELF** **Écrivez l'e-mail que Jules envoie à Tatiana pour l'inviter au premier événement (60 mots minimum). Puis écrivez la réponse de Tatiana qui ne peut pas accepter l'invitation de Jules ; elle s'excuse et propose la seconde sortie (60 mots minimum).**

a

Adapté de www.lesalondelapatisserie.fr

b

Adapté de www.livreparis.com

79 PARLER AU TÉLÉPHONE

- Allô ?
- C'est Marie (à l'appareil).
- Est-ce que Lucas est là ?
- Vous avez fait erreur / un faux numéro.
- Je me suis trompé(e) de numéro.
- Je t'envoie un SMS / un texto / un WhatsApp.
- Je te (vous) le (la) passe.
- Je vais rappeler plus tard.
- J'ai / J'ai mis mon portable en (mode) silencieux.
- La ligne est occupée. / Ça sonne occupé.
- Il n'y a pas de réseau. / Ça ne capte pas. / Ça capte mal.
- Mon portable n'a presque plus de batterie.
- Je dois recharger mon portable.
- Je t'entends très mal.

9 80 **Écoutez ces conversations téléphoniques et complétez.**

A

Mme Chevalier	(1) … ?
Nicole	Bonjour, Madame Chevalier, (2) … . Benjamin (3) … ? Je ne réussis pas à le contacter sur son portable.
Mme Chevalier	Il l'a sûrement (4) … parce qu'il est au théâtre. (5) … , il va le lire pendant l'entracte.
Nicole	Non, ce n'est pas grave. (6) … demain. Au revoir.
Mme Chevalier	Au revoir, Nicole.

B

Sylvain	Allô, Luc ?
Michel	Non, monsieur, (7) … .
Sylvain	Excusez-moi, monsieur. (8) … .
Michel	Pas de problème, au revoir.

C

Lucas	Salut, maman ! Ça va ?
Mme Duval	Enfin, Lucas ! Je te cherche depuis hier !
Lucas	Désolé, maman, mais ici (9) … partout.
Mme Duval	Mais tu es où en ce moment ?
Lucas	Excuse-moi, maman, mais (10) … . Je rentre à l'hôtel, (11) … mon portable et je te rappelle.
Mme Duval	D'accord, à plus.

10 À DEUX **Observez l'affiche ci-contre et imaginez la conversation entre Christian et Soline. Puis jouez le dialogue en suivant le canevas.**

- Christian appelle Soline et lui propose de participer à l'événement.
- Soline demande des précisions (lieu, horaires, activités…)
- Christian répond.
- Soline accepte.
- Christian propose à Soline d'essayer un ou deux sports.
- Soline refuse et explique pourquoi.
- Christian lui donne rendez-vous et salue.

Révisez avec le test de fin d'unité.

Coups de cœur • Épisode 3

1 **Regardez les images ci-contre. Où se trouvent les protagonistes ? Qu'est-ce qu'il sont en train de faire ? Faites des hypothèses sur l'histoire que vous allez voir.**

2 **Regardez toute la vidéo sans le son et trouvez la bonne réponse.**

1. Au début de la vidéo Adam et Alice :
   a. se disputent.
   b. parlent au téléphone.
   c. regardent la télé.
2. Ils font leurs courses :
   a. au supermarché.
   b. au marché.
   c. sur Internet.
3. Ils vont :
   a. chez le fleuriste.
   b. dans une pâtisserie.
   c. chez le marchand de fruits et légumes.
4. À la fin, Adam donne à Léa :
   a. un foulard.
   b. des bijoux.
   c. un bouquet de roses.

3 **Maintenant regardez toute la vidéo avec le son et répondez vrai ou faux.**

1. Adam téléphone à Alice.
2. Ils planifient de se voir dans la soirée.
3. L'après-midi Alice va faire les courses.
4. Ils se donnent rendez-vous à 10h à côté du magasin de fleurs.
5. Au marché, on peut même acheter des viennoiseries.
6. Alice doit aller à la boulangerie.
7. Adam achète des poires.
8. Adam paye en espèces.
9. Khalil propose à Alice de dîner ensemble.

4 **Regardez encore une fois toute la vidéo avec le son et trouvez les questions.**

1. – ...
   – Je dois aller faire les courses pour ma mère.
2. – ...
   – Excellente idée.
3. – ...
   – Un kilo et demi.
4. – ...
   – Je suis en train de faire les courses.
5. – ...
   – C'est une amie.
6. – ...
   – C'est un brun aux yeux noirs, il est grand et bien musclé.

5 **Regardez la séquence [1:33-2:47]. Quels fruits et légumes vous voyez ?**

0. ✕ des courges
1. des prunes
2. du raisin
3. des poires
4. des pommes
5. des framboises
6. des poivrons
7. des oignons
8. des melons
9. des tomates
10. des épinards
11. des pommes de terre
12. des carottes
13. des concombres
14. des aubergines
15. des épinards
16. des haricots verts

6 **Regardez encore une fois la séquence [1:33-2:47] et complétez le dialogue.**

Marchand Bonjour, vous désirez ?
Adam (1) ... ce raisin ?
Marchand 2 € 90 le kilo.
Adam Oh là là... (2) ... !
Marchand Ce n'est pas donné, mais je t'assure qu'il (3) ... ! Il est très sucré.
Adam Bon... alors j'en prends un kilo. (4) ... , s'il vous plaît.
Marchand Tu en veux combien ?
Adam (5) ... .
Marchand Très bien. (6) ... ?
Adam Donnez-moi aussi un melon et (7) ... de framboises.
Marchand D'accord. (8) ... ?
Adam Oui. (9) ... ?
Marchand (10) ... 11 € 30.
Adam Voilà, monsieur.
Marchand (11) ... .
Adam Merci.

7 **À DEUX Maintenant jouez le dialogue entre Adam et le vendeur.**

8 **À DEUX Imaginez le dialogue entre Alice et les commerçants. Puis jouez-le.**

CHEZ LE BOULANGER

tarte au citron

petits pains

brioche

CHEZ LE BOUCHER

poulet rôti

bœuf

gigot d'agneau

CHEZ LE FROMAGER

camembert

lait

yaourts

9 **Est-ce qu'Adam a des chances de plaire à Léa, selon vous ? Regardez la dernière séquence [4:14-4:50] et commentez-la. Qu'est-ce qu'il va se passer après, selon vous ?**

DELF A1

Compréhension de l'oral 25 points

Vous allez écouter plusieurs documents. Il y a 2 écoutes. Avant chaque écoute, vous entendez le son suivant : 🔔. Dans les exercices 1, 2, 3 et 5, pour répondre aux questions, cochez ☒ la bonne réponse.

81 EXERCICE 1 4 points

Lisez les questions. Écoutez le document puis répondez. Vous recevez un message oral de votre ami français.

1. La soirée cinéma, c'est chez qui ?
   - a. ☐ Chez Hugo.
   - b. ☐ Chez Noah.
   - c. ☐ Chez Diana.

   1 point

2. Qu'est-ce que vous devez apporter ?

a. ☐

b. ☐

c. ☐

1 point

3. À quelle heure est le rendez-vous ?
   - a. ☐ À 16 h.
   - b. ☐ À 18 h.
   - c. ☐ À 20 h.

   1 point

4. Dans quelle pièce de la maison vous allez regarder le film ?
   - a. ☐ Dans le salon.
   - b. ☐ Dans la chambre.
   - c. ☐ Dans la salle à manger.

   1 point

82 EXERCICE 2 4 points

Lisez les questions. Écoutez le document puis répondez. Vous êtes dans un magasin en France. Vous entendez ce message.

1. Le magasin propose une fête pour quel sport ?

a. ☐

b. ☐

c. ☐

1 point

2. Quel est le prix des chaussures ?
   - a. ☐ 25 euros.
   - b. ☐ 35 euros.
   - c. ☐ 45 euros.

   1 point

3. Quand est-ce que vous pouvez gagner un billet ?
   - a. ☐ Aujourd'hui.
   - b. ☐ Demain.
   - c. ☐ Samedi.

   1 point

4. Qu'est-ce que vous devez faire pour gagner un billet ?

a. ☐

b. ☐

c. ☐

1 point

▶ 83 EXERCICE 3 — 4 points

Lisez les questions. Écoutez le document puis répondez. Vous êtes en France. Vous écoutez un message oral de votre amie française.

1. Dans quelle rue est le médecin ?
   - a. ☐ Rue Pasteur.
   - b. ☐ Rue des Fleurs.
   - c. ☐ Rue des Cactus. — 1 point
2. Le médecin est à quel numéro dans la rue ?
   - a. ☐ N°144.
   - b. ☐ N°184.
   - c. ☐ N°194. — 1 point
3. Le médecin pose des questions sur quoi ?
   - a. ☐ Sur votre taille.
   - b. ☐ Sur vos activités.
   - c. ☐ Sur vos plats préférés. — 1 point
4. Avec l'ordonnance, qu'est-ce que vous pouvez faire ?
   - a. ☐ Partir en voyage.
   - b. ☐ Aller voir Manon.
   - c. ☐ Pratiquer un sport. — 1 point

▶ 84 EXERCICE 4 — 8 points

Vous allez entendre 4 petits dialogues correspondant à 4 situations différentes. Il y a 15 secondes de pause après chaque dialogue. Notez, sous chaque image, le numéro du dialogue qui correspond. Puis vous allez entendre à nouveau les dialogues. Vous pouvez compléter vos réponses. Regardez les images. Attention, il y a 6 images (A, B, C, D, E et F) mais seulement 4 dialogues.

A

Situation n°...

B

Situation n°...

C

Situation n°...

D

Situation n°...

E

Situation n°...

F

Situation n°...

85 EXERCICE 5 — 5 points

Vous allez entendre un message. Quels objets sont donnés dans le message ?
Vous entendez le nom de l'objet ? Cochez oui ☒. Sinon, cochez non ☒.
Puis vous allez entendre à nouveau le message. Vous pouvez compléter vos réponses.

1

a. Oui ☐
b. Non ☐

2

a. Oui ☐
b. Non ☐

3
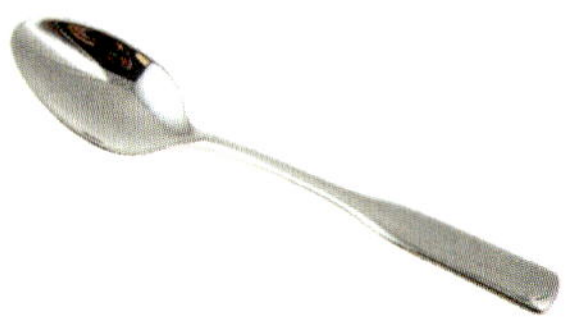
a. Oui ☐
b. Non ☐

4

a. Oui ☐
b. Non ☐

5

a. Oui ☐
b. Non ☐

Compréhension des écrits — 25 points

EXERCICE 1 — 6 points

Vous êtes dans une école en France. Vous avez une chambre dans l'école avec votre ami David. Lisez le document et répondez aux questions.

Salut ! Je suis en cours de natation de 10 h à 12 h. Est-ce que tu peux prendre mon livre de sciences et mon cahier de géographie pour les cours de l'après-midi ? Mon livre est sur le bureau à côté de l'ordinateur. Pour mon cahier, regarde sur mon lit. Il est vert avec une Terre dessus. Je t'attends à la cantine à 12 h 30.
Merci. David
Et ce soir, c'est le concert de l'école ! ☺

1. Où est David ?
   a. ☐ En cours de sciences.
   b. ☐ En cours de natation.
   c. ☐ En cours de géographie. — 1 point

2. Où est le livre ?

a. ☐

b. ☐

c. ☐

1,5 point

3. Comment est le cahier ?

a. ☐

b. ☐

c. ☐

1,5 point

4. Il faut le livre et le cahier à David pour quand ?
   a. ☐ Ce matin.
   b. ☐ Cet après-midi.
   c. ☐ Ce soir.

1 point

5. À quelle heure est le rendez-vous avec David ?
   a. ☐ À 10 h.
   b. ☐ À 12 h.
   c. ☐ À 12 h 30.

1 point

EXERCICE 2 6 points

Vous recevez une carte d'invitation de votre amie Yasmine.
Lisez le document et répondez aux questions.

C'EST MON ANNIVERSAIRE !

Samedi 29 mai à 15 h.

La fête, c'est dans un restaurant.
C'est à côté de chez nous. Pour venir, prends le bus et descends devant le théâtre. Marche 5 minutes et tourne à droite après le parc. Prends la première rue à gauche. C'est le restaurant noir, en face du cinéma gris.
Mon frère va mettre de la musique pour chanter.
Moi, je vais organiser des jeux.
Merci de me répondre avant le samedi 22 mai.

Yasmine

1. Quelle est la date de l'anniversaire ?
   a. ☐ Samedi 15 mai.
   b. ☐ Samedi 22 mai.
   c. ☐ Samedi 29 mai.

1 point

2. Où est le restaurant ?
   a. ☐ Loin de la maison de Yasmine.
   b. ☐ À côté de la maison de Yasmine.
   c. ☐ En face de la maison de Yasmine.

1 point

3. Quel est le chemin pour aller du théâtre à la fête ?

a. ☐
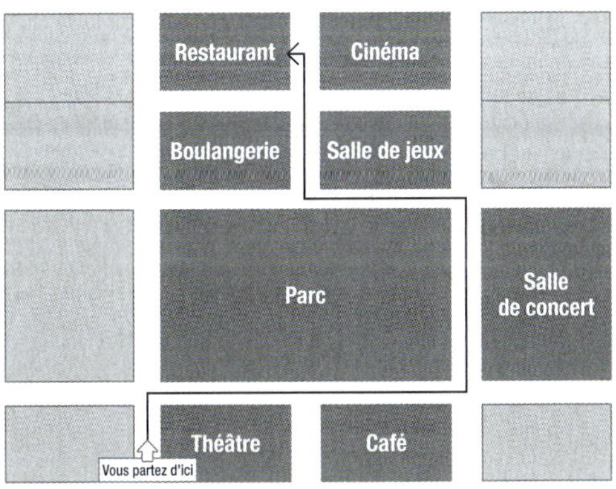

b. ☐
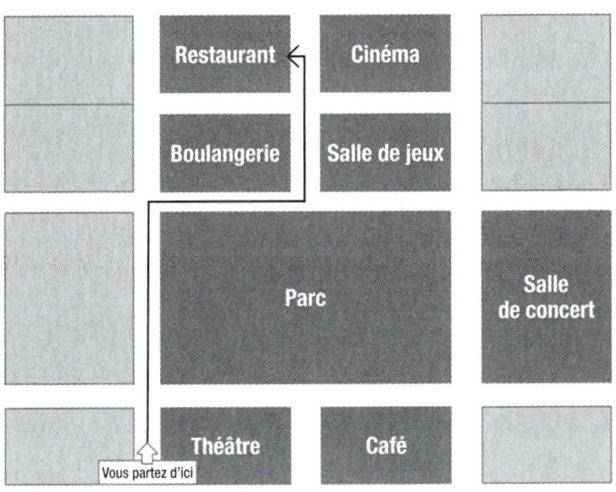

c. ☐
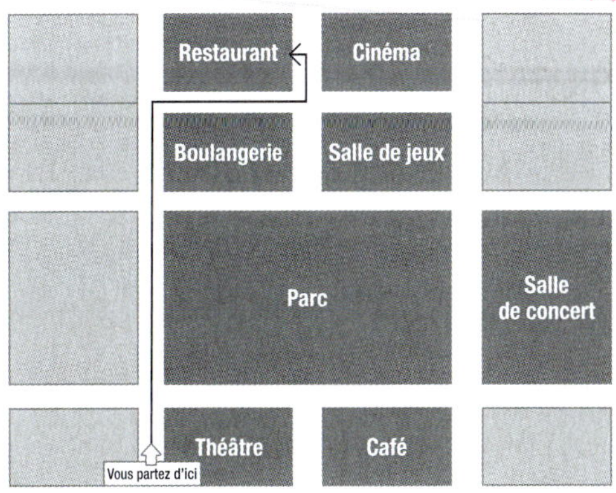

2 points

4. Quelle est la couleur du restaurant ?
   a. ☐ Gris.
   b. ☐ Noir.
   c. ☐ Blanc.

1 point

5. Qui va préparer des jeux ?
   a. ☐ Yasmine.
   b. ☐ Le frère de Yasmine.
   c. ☐ Les parents de Yasmine.

1 point

EXERCICE 3 6 points

Vous êtes à l'école en France. Vous lisez ces annonces.
Lisez les documents et répondez aux questions.

ATELIER D'INFORMATIQUE
Pour les débutants
Tous les lundis
De 16 h à 17 h

PROMENADE EN FORÊT
Le jeudi 17 juin
Départ du bus à 8 h 30.
Prenez une bois

Voyage de l'été : PARIS
Départ le **mercredi 7 juillet**
Inscriptions : site internet de l'école
Un voyage préparé par le professeur de français.

Vous voulez faire du sport en juillet ?
Parlez à M. Garcia,
le professeur de sport.
Il vous attend le **jeudi 10 juin.**

Horaires de la bibliothèque
Du lundi au jeudi de 8 h à 17 h
Vendredi de 9 h à 12 h

1. Vous pouvez demander des informations pour les activités sportives de l'été le...
   - a. ☑ jeudi 10 juin.
   - b. ☐ jeudi 17 juin.
   - c. ☐ mercredi 7 juillet.

   1,5 point

2. Pour apprendre à utiliser un ordinateur, quel jour est le cours ?
   - a. ☑ Lundi.
   - b. ☐ Mercredi.
   - c. ☐ Vendredi.

   1 point

3. Pour participer au voyage à Paris, qu'est-ce que vous devez faire ?
   - a. ☐ Parler au professeur de français.
   - b. ☑ Aller sur le site internet de l'école.
   - c. ☐ Préparer un programme de visites.

   1 point

4. Le vendredi, la bibliothèque ouvre...
   - a. ☑ le matin.
   - b. ☐ l'après-midi.
   - c. ☐ toute la journée.

   1 point

5. Pour la sortie en forêt, le bus part à...
   - a. ☐ 8 h.
   - b. ☑ 8 h 30.
   - c. ☐ 9 h.

   1,5 point

EXERCICE 4 7 points

Vous lisez une affiche dans un journal français. Lisez le document et répondez aux questions.

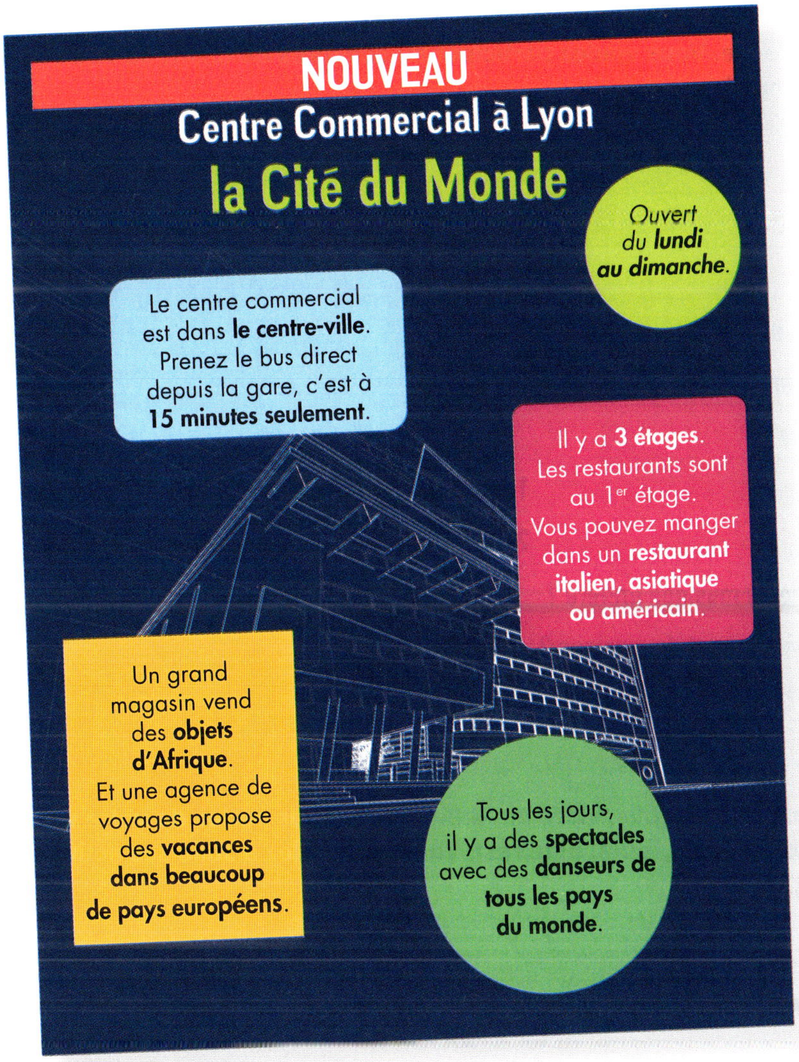

1. Où est le centre commercial ?
   a. ☐ À côté de la gare de Lyon.
   b. ☐ Dans le centre de la ville de Lyon.
   c. ☐ Près du parc central de la ville de Lyon. 1,5 point

2. Quel moyen de transport est rapide pour aller au centre commercial ?
   a. ☐ Le bus.
   b. ☐ Le vélo.
   c. ☐ Le train. 1 point

3. Vous voulez goûter la gastronomie italienne. Vous allez à quel étage ?
   a. ☐ Au 1er étage.
   b. ☐ Au 2ème étage.
   c. ☐ Au 3ème étage. 1 point

4. L'agence de voyages peut vous aider à voyager en...
   a. ☐ Asie.
   b. ☐ Europe.
   c. ☐ Afrique. 1,5 point

5. Quel spectacle est-ce que vous pouvez voir ?

a. ☐

b. ☐

c. ☐

2 points

Les nombres de 0 à 30

8 ▶ 89 **Écoutez et écrivez les nombres en chiffres et en lettres.**

a. ………… → ……………………………………
b. ………… → ……………………………………
c. ………… → ……………………………………
d. ………… → ……………………………………
e. ………… → ……………………………………
f. ………… → ……………………………………
g. ………… → ……………………………………
h. ………… → ……………………………………
i. ………… → ……………………………………
j. ………… → ……………………………………

9 Écrivez les nombres en lettres.

a. 7 → ……………………………………
b. 8 → ……………………………………
c. 10 → ……………………………………
d. 12 → ……………………………………
e. 14 → ……………………………………
f. 21 → ……………………………………
g. 24 → ……………………………………
h. 28 → ……………………………………

La formation du pluriel (1)

10 Transformez au pluriel.

1. la voix → ……………………………
2. le film → ……………………………
3. le gaz → ……………………………
4. le temps → ……………………………
5. le cinéma → ……………………………
6. l'image → ……………………………
7. le nez → ……………………………
8. le jour → ……………………………

11 Transformez au singulier.

1. blancs → ……………………………
2. bleus → ……………………………
3. gris → ……………………………
4. verts → ……………………………
5. espagnols → ……………………………
6. français → ……………………………
7. italiens → ……………………………
8. japonais → ……………………………

Les pronoms personnels sujets et les verbes *être* et *avoir*

12 Associez.

1. ☐ je
2. ☐ tu
3. ☐ il / elle
4. ☐ nous
5. ☐ vous
6. ☐ ils / elles

a. as
b. avons
c. est
d. êtes
e. ont
f. suis

13 Complétez avec un pronom sujet.

1. Les élèves …………… sont en classe.
2. …………… sommes français.
3. C'est Alice. …………… a 14 ans.
4. …………… ai une trousse rouge.
5. Bernie, …………… es belge ?
6. …………… avez raison.
7. Le prof de français ? …………… est sympa !

14 Complétez avec le verbe *être* ou *avoir*.

1. Elles …………… russes.
2. Je …………… malade.
3. Les élèves …………… des ordinateurs.
4. Helmut …………… professeur d'allemand.
5. Nous …………… en retard.
6. Tu …………… 15 ans ?
7. Valérie …………… une gomme verte.
8. Vous …………… vos livres ?

Contacts

1 Complétez le dialogue avec les expressions proposées.

salut • bonjour •
ça va (x2) • enchantée

Marlène (1) .... , Stéphanie.
(2) .... ?
Stéphanie (3) .... Marlène.
Ça va, et toi ?
Marlène (4) .... , merci.
Stéphanie Je te présente ma mère.
Marlène (5) .... ,
madame.

2 ▶ 90 Vers le DELF Écoutez et répondez.

1. C'est une situation :
   a. ☐ formelle.
   b. ☐ informelle.
2. Les personnages se trouvent :
   a. ☐ au cinéma.
   b. ☐ à l'hôtel.
   c. ☐ au théâtre.
3. Le nom de la femme est :
   a. ☐ Béziers.
   b. ☐ Bésiet.
   c. ☐ Bézier.

3 ▶ 91 Complétez l'interview d'Emma (p. 20) avec les expressions proposées. Écoutez pour vérifier.

elle s'appelle • une copine • la championne • anglais et allemand • tes parents • suisse •
tu as • elle est • un animal • j'ai seize ans • deux • son père • la petite • au revoir

Emma la championne

Journaliste Nous sommes ici au lycée Jules Verne de Nantes avec (1) .... junior de tennis Emma Dubois. Tu as quel âge, Emma ?
Emma (2) ....
Journaliste Tu habites où ?
Emma J'habite à Nantes, mais je viens de Paris.
Journaliste Est-ce que tu parles une langue étrangère ?
Emma Oui, je parle (3) .... parce que ma mère est (4) ....
Journaliste (5) .... font quoi dans la vie ?
Emma Ma mère est professeure et mon père est médecin.
Journaliste Est-ce que (6) .... des frères et sœurs ?
Emma J'ai deux sœurs, Jeanne et Raphaëlle, et un frère, Damien. Jeanne a 22 ans et (7) .... infirmière, Damien a 13 ans et il est au collège et (8) .... Raphaëlle a 11 ans et elle va au collège elle aussi.
Journaliste Est-ce que tu as (9) .... ?
Emma Oui, j'aime beaucoup les animaux. J'ai (10) .... chiens et une chatte.
Journaliste Tu as (11) .... ici à Nantes ?
Emma Oui, (12) .... Aminata et elle a 16 ans comme moi. Elle aussi adore les animaux et (13) .... est vétérinaire ! Et puis il y a Danielle. Nous fréquentons toutes le cours de danse de Mme Bonnet.
Journaliste Merci, Emma !
Emma Merci. (14) ....

Mots et expressions

4 ▶ 92 **Écoutez et écrivez les numéros de téléphone.**

1. ....
2. ....
3. ....
4. ....
5. ....
6. ....

5 **Écrivez les nombres en lettres.**

1. 74 ....
2. 89 ....
3. 91 ....
4. 130 ....
5. 183 ....
6. 295 ....
7. 1612 ....
8. 2900 ....
9. 575 641 ....
10. 6 378 110 ....

6 **Écrivez les dates en lettres.**

1. 12/10/1492 ....
2. 14/7/1789 ....
3. 9/11/1989 ....
4. 11/9/2001 ....

7 **Complétez avec les noms de pays ou de nationalités correspondants.**

pays	nationalité
France	
	anglaise
Allemagne	
	tunisienne
États-Unis	

pays	nationalité
	chinoise
Canada	
	japonaise
Suisse	
	portugaise

8 **Retrouvez les jours de la semaine.**

1. e v d e i r d n ....
2. e a m i s d ....
3. c m i d a h n e ....
4. i d e j u ....
5. d u l n i ....
6. r m c e i d r e ....
7. d a m i r ....

9 **Associez.**

1. ☐ Août a
2. ☐ Mai est
3. ☐ L'école commence en
4. ☐ La Fête nationale française est
5. ☐ Avril a
6. ☐ Le premier mois de l'année est
7. ☐ Mercredi est

a. janvier.
b. 31 jours.
c. le 14 juillet.
d. un mois de l'année.
e. un jour de la semaine.
f. 30 jours.
g. septembre.

10 **Écrivez les noms des mois manquants.**

.... • février • .... • avril • .... • juin • .... • août
.... • octobre • .... • décembre

11 **Complétez.**

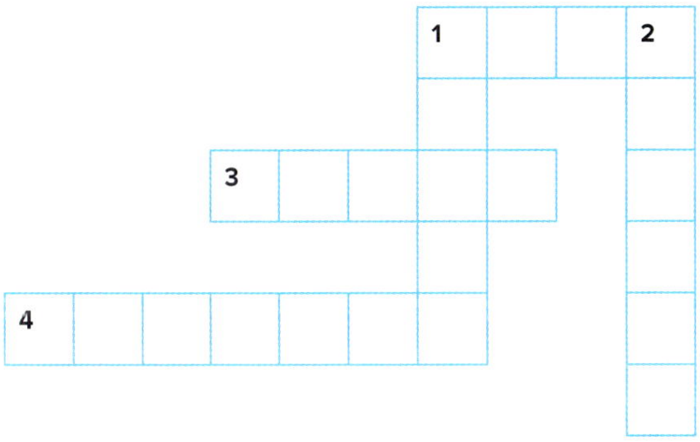

Horizontalement

1.  3.  4. 

Verticalement

1.  2. 

12 ▶ 93 **Écoutez et trouvez les prénoms de la famille de Françoise.**

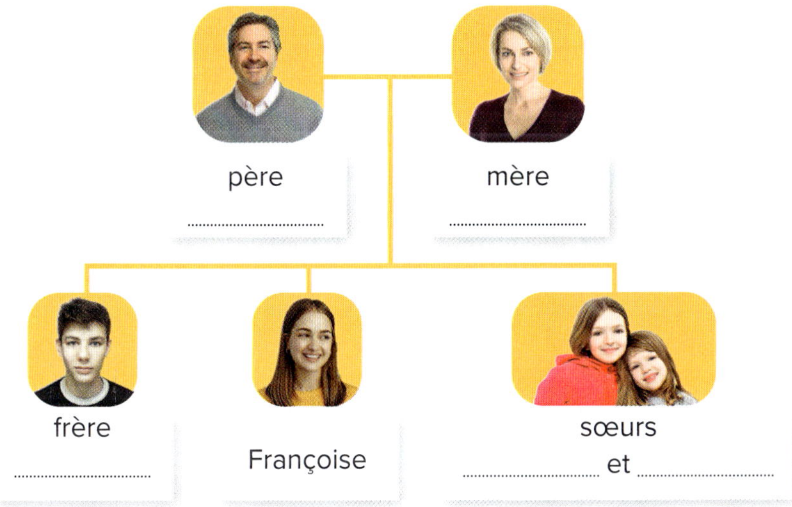

13 **Complétez la présentation de la famille de Véronique.**

Coucou ! Je suis Véronique, Véro pour les amis. J'ai 17 ans et je suis en première au lycée Baudelaire. Mon (1) .... s'appelle Romain et il a 51 ans ; ma (2) ...., Marie-Laure, a 48 ans. Mes (3) .... travaillent ensemble : ils sont commerçants. J'ai une (4) .... cadette qui s'appelle Églantine et qui a 14 ans. Mon frère (5) ...., Simon, a 21 ans ; il étudie à l'université.

Grammaire

LA FORMATION DU FÉMININ (1)

14 **Transformez au féminin.**

1. C'est un étudiant calme et réservé.
2. C'est un gros chien allemand.
3. Carla et moi, nous avons un ami commun.
4. Les invités sont contents.
5. J'ai des voisins roumains.
6. Le cousin de Jean-Luc est canadien.
7. Voilà un grand champion de volley-ball.
8. C'est mon frère cadet : il est avocat.

15 **Transformez au masculin.**

1. Tu es grande ! → ....
2. Elle est fatiguée. → ....
3. J'ai une amie anglaise. → ....
4. Elles sont sévères. → ....
5. Vous êtes musicienne ? → ....
6. Je suis espagnole. → ....
7. Tu es indiscrète ! → ....
8. Ma copine est belge. → ....

16 **Accordez les mots entre parenthèses.**

A

Elle s'appelle Margaux, elle est (1) .... [comédien], c'est aussi une (2) .... [excellent pianiste]. Elle est (3) .... [grand], (4) .... [discret] et (5) .... [timide], mais très (6) .... [déterminé]. C'est la fille (7) .... [aîné] d'une famille (8) .... [algérien] qui habite en Belgique. Elle vit (9) .... [seul], elle n'est pas (10) .... [marié].

B

Paula et Gabriela sont (1) .... [brésilien]. Ce sont deux (2) .... [étudiant] en littérature. Elles aiment la culture (3) .... [européen] et elles fréquentent l'université de Toulouse. Elles habitent avec deux filles (4) .... [tunisien] très (5) .... [mignon]. Paula aime les spécialités (6) .... [mexicain], Gabriela préfère une cuisine plus (7) .... [traditionnel].

17 **Corrigez les erreurs sur la formation du féminin.**

1. J'aime la cuisine indien.
....
2. C'est une grande champion d'équitation.
....
3. C'est une dame élégant et raffiné.
....
4. Il a une cousine marocain.
....
5. Cette crème est trop épais.
....
6. Mes chaussures violettes sont un peu vieillots.
....

LES ADJECTIFS POSSESSIFS

18 **Faites des phrases en combinant les expressions des trois colonnes.**

	ma	frère.
	mes	parents.
C'est	vos	copines.
Ce sont	notre	père.
	leur	enfants.
	ton	voisine.

19 **Choisissez la réponse correcte.**

1. Ce sont [notre / nos / mon] cahiers.
2. Ils adorent [leur / sa / vos] cheval.
3. C'est [son / sa / ses] activité préférée.
4. [Ton / Ta / Tes] train est parti ?
5. Voilà [mon / ma / mes] professeure de maths.
6. Elles habitent chez [leur / ses / leurs] parents.

20 **Transformez avec un adjectif possessif.**

0. Voilà le chien de Luc. → *Voilà son chien.*
1. Voilà les filles des Dupont.
2. Voilà l'ami d'Inès.
3. Voilà la voisine de José.
4. Voilà l'histoire de Nicolas.
5. Voilà les poissons de Yuko et de Shizuka.
6. Voilà la maman de Maëlys et d'Yves.
7. Voilà le copain de mes enfants.
8. Voilà les hamsters de Sylvie.

21 **Répondez par une phrase affirmative, en utilisant les adjectifs possessifs.**

0. – C'est le mari de Sophie ?
– *Oui, c'est son mari.*
1. – Ce sont tes amis et les amis de ton frère ?
– ....
2. – C'est le père d'Adam ?
– ....
3. – Ce sont les enfants de M. et Mme Étienne ?
– ....
4. – Ce sont les copains d'Aya et d'Enzo ?
– ....
5. – C'est le petit frère de ta copine ?
– ....

LA PHRASE INTERROGATIVE TOTALE : INTONATION ET *EST-CE QUE*

22 Associez les questions et les réponses.

1. ☐ Tu étudies toute seule ?
2. ☐ Vous habitez à la campagne ?
3. ☐ Pierre a 15 ans ?
4. ☐ Tu restes avec moi ?
5. ☐ Vous êtes chinois ?
6. ☐ Vous avez des animaux ?

a. Oui, nous habitons à la campagne.
b. Non, je suis japonais.
c. Non, il a 14 ans.
d. Bien sûr, je reste avec toi.
e. Oui, nous avons un petit chien.
f. Non, j'étudie avec une amie.

23 Transformez avec *est-ce que*.

0. Tu es triste ?
→ Est-ce que tu es triste ?
1. Vous arrivez de l'école ?
2. Elles sont anglaises ?
3. Il travaille à Moscou ?
4. Vous habitez à Lyon ?
5. Tu aimes Londres ?
6. Il est professeur ?
7. Elle a des frères et sœurs ?
8. Tes parents parlent anglais ?

LES VERBES DU PREMIER GROUPE

24 Complétez les conjugaisons des verbes.

1. À quoi vous jou........ ?
2. David habit........ à Toulouse.
3. Elles chant........ très mal.
4. Le dimanche, je ne travaill........ pas : je me repos........ .
5. M. et Mme Sanson cherch........ leur chien.
6. Marie port........ des lunettes.
7. Nous rentr........ demain.
8. Qu'est-ce que tu écout........ ?
9. Est-ce que vous rest........ encore un peu ?
10. Tu trouv........ que c'est juste ?

25 Choisissez.

1. Elles [demande / demandent] comment ça va.
2. Ils [cherche / cherchent] leurs livres.
3. Je [pense / penses] qu'il a raison.
4. Les enfants [jouons / jouent] à un jeu-vidéo.
5. Ma sœur [commence / commencent] les cours demain.
6. Tu me [présentes / présentez] ton ami ?
7. Nous [prépare / préparons] une surprise pour Nicolas.
8. Mon père [regarde / regardes] un match de tennis à la télé.
9. Tu [marche / marches] trop rapidement.
10. Vous [parles / parlez] roumain à la maison ?

26 Complétez avec les verbes proposés et conjuguez au présent.

chercher • étudier • habiter • parler • poser • présenter • saluer • téléphoner

1. Elle .... ses voisins.
2. Ils .... combien de langues ?
3. Je .... à ma sœur.
4. Nous vous .... notre professeur.
5. Tu .... arabe ?
6. Vous .... à Florence ou à Sienne ?
7. Il .... des questions idiotes.
8. Tu .... encore ton agenda ?

27 TRADUCTION

1. Annette, tu es française ou allemande ?
2. Bonsoir, Madame. Moi, je m'appelle Magali. Et vous, comment vous appelez-vous ?
3. Nous avons des copains japonais.
4. Mon voisin a un lapin blanc et un chat noir.
5. Mon amie Tiphaine est championne de tennis.
6. Il a six enfants : trois filles et trois garçons !
7. Tu étudies le russe ? Tu as des bonnes notes ?
8. Mes parents écoutent une radio anglaise.

Communication

ENTRER EN CONTACT / PRÉSENTER ET SE PRÉSENTER

28 Complétez le dialogue avec les expressions proposées.

au revoir • bonsoir • comment allez-vous • enchantée • je vous présente • on fait aller • très bien

Au théâtre

Mme Clément Oh, (1) ...., Monsieur Sarres.
M. Sarres Bonsoir, madame. (2) ....?
Mme Clément Je vais (3) ...., merci. Et vous ?
M. Sarres (4) .... Madame Clément, (5) .... ma femme, Hortense.
Mme Clément (6) ...., madame. Vous aimez le spectacle ?
Mme Sarres Oui, le spectacle est magnifique !
Mme Clément Le deuxième acte commence bientôt. Au revoir.
M. Sarres (7) ....

29 Écrivez un mini-dialogue à l'aide des indications.

Abel rencontre Benjamin, le salue et lui demande comment il va. Benjamin répond et demande comment il va. Abel dit qu'il ne va pas très bien, puis ils s'en vont.

30 Lisez la présentation de Julia. Présentez les autres personnes avec les informations données.

JULIA ERMINI: 15 ans • Italie • lycéenne
Elle s'appelle Giulia Ermini. Elle a 15 ans. Elle est italienne. Elle est lycéenne.

MARINE BERNARD: 75 ans • France • actrice
ANDREAS PACCOT: 13 ans • Suisse • collégien
LYLIA GUIGA: 42 ans • Tunisie • professeure d'anglais

31 ▶ 94 Écoutez et complétez la fiche du père de Vincent. Puis écrivez sa présentation.

Nom ....
Prénom ....
Âge ....
Nationalité ....
Profession ....

32 Écrivez la présentation de votre meilleur(e) ami(e), en donnant toutes les informations possibles (nom, prénom, âge, famille, animal domestique).

DEMANDER ET DIRE LA DATE

33 Complétez les mini-dialogues.

1. – ....
   – Nous sommes le 16 juillet.
2. – ....
   – C'est vendredi.
3. – ....
   – On est le 12.
4. – C'est le combien ?
   – .... [1 mars]

34 ▶ 95 DICTÉE Écoutez et écrivez.

Qu'est-ce qu'ils font ?

1 **Lisez encore une fois le dialogue p. 35 et complétez la fiche de Zinédine Zidane et de Vanessa Paradis.**

Prénom ....
Nom ....
Lieu de naissance ....
Date de naissance ....
Nationalité ....
Profession ....

Prénom ....
Nom ....
Lieu de naissance Saint-Maur-des-Fossés
Date de naissance 22 décembre
Nationalité ....
Profession ....

2 ▶ 96 **Vers le DELF** **Écoutez et répondez.**

1. Qu'est-ce que c'est ?
   - a. ☐ Un jeu télévisé.
   - b. ☐ Un sondage d'opinion.
   - c. ☐ Un débat à la radio.
2. Qui sont Yann et Héloïse ?
   - a. ☐ Deux journalistes.
   - b. ☐ Deux téléspectateurs.
   - c. ☐ Deux concurrents.
3. Yann et Héloïse devinent qui sont les personnages :
   - a. ☐ à travers des vidéos.
   - b. ☐ à travers des photos.
   - c. ☐ à travers des indices.
4. Qui gagne ?

   ....

3 **Lisez le blog de Pénélope et classez ses objets dans le tableau.**

Pénélope, c'est moi !

Accueil À propos Me contacter

Dans mon sac, j'ai toujours des clés, un portable, un porte-monnaie, un agenda et un parapluie. J'ai aussi des mouchoirs, un rouge à lèvres, un petit miroir, des lunettes de soleil, un stylo, une boîte de bonbons et des tickets de métro. J'aime aussi avoir un livre pour lire dans le métro. Et puis, une brosse à dents.

Je suis indiscrète : et vous, qu'est-ce que vous avez dans votre sac à main ou dans votre sac à dos ?

pratique	des clés,
accessoires	
beauté	
autres	

Mots et expressions

4 Écrivez le nom des objets.

1. ....

2. ....

3. ....

4. ....

5. ....

6. ....

5 Associez les phrases et les images. Attention, il y a 6 phrases et 5 images.

1. Moi, je suis infirmière.
2. Mon métier ? Je suis ouvrier.
3. Je suis plombier et j'aime mon travail !
4. Quelle est ma profession ? Je suis policier.
5. Je suis serveuse dans un café parisien.
6. Je suis femme de ménage. Et vous ?

a ☐

b ☐

c ☐

d ☐

e ☐

6 Complétez avec les noms des professions.

1. Mes parents sont ....

2. Mon frère est un excellent ....

3. J'aime l'anglais et M. Roche est mon .... préféré.

4. Ma sœur veut devenir ....

7 Répondez.

0. Qui soigne les malades ? Un médecin.
1. Qui dessine les maisons ? ....
2. Qui écrit des articles ? ....
3. Qui ne travaille plus ? ....
4. Qui cherche un emploi ? ....
5. Qui écrit des romans ? ....
6. Qui joue dans un film ? ....
7. Qui travaille dans un magasin ? ....

8 Vers le DELF **Complétez la fiche d'identité de Victor Hugo.**

.... : Hugo
.... : Victor
.... : 26 février 1802
.... : Besançon
.... : française

.... : marié
.... : 6, place des Vosges – 75004 Paris
.... : romancier, poète, dramaturge, dessinateur, sénateur, etc.

Grammaire

LA FORMATION DU FÉMININ (2)

9 **Accordez le mot entre parenthèses.**

A
Elle s'appelle Daphné, elle est (1) .... [grec], c'est une (2) .... [infirmier]. Elle est très (3) .... [doux] et (4) .... [compréhensif]. Elle a une famille (5) .... [nombreux], mais malheureusement elle est (6) .... [veuf].

B
Selma et Mayra sont (7) .... [turc]. Elles étudient à Paris. Elles sont très (8) .... [sérieux] et (9) .... [studieux]. Elles habitent avec Johanne, une (10) .... [beau] Irlandaise (11) .... [roux] à la peau très (12) .... [blanc]. Ce sont trois filles (13) .... [sportif] et elles font de (14) .... [long] courses dans le parc.

10 **Transformez au féminin.**

1. C'est un ami courageux.
2. C'est un cuisinier créatif et ambitieux.
3. J'ai des cousins heureux et joyeux.
4. C'est un homme actif.
5. C'est un ouvrier turc.
6. Le voisin de Pierre est étranger.
7. C'est un nouveau professeur.
8. C'est un vieux chanteur.

LA PHRASE INTERROGATIVE PARTIELLE

11 **Associez les réponses aux questions.**

1. ☐ Pourquoi Pierre n'est pas au lycée ?
2. ☐ Où est-ce que tu vas demain ?
3. ☐ Tu viens avec qui ?
4. ☐ Combien de livres est-ce que tu as dans ton sac ?
5. ☐ Combien coûte ce portable ?
6. ☐ Tu fais quoi le soir ?
7. ☐ Nous arrivons quand, maman ?
8. ☐ Comment il va à l'école le matin ?

a. Deux : un en français et un en italien.
b. 225 euros.
c. Il prend le bus.
d. D'habitude, je regarde la télé.
e. Parce qu'il est malade.
f. À la mer.
g. Vers dix heures, mon chéri.
h. Avec une amie.

12 **Mettez les éléments dans le bon ordre et écrivez la phrase.**

1. regardes / est-ce / tu / que / Qu' / télé / à la / ?
2. ta / Tu / quoi / as / trousse / dans / ?
3. avec / là-bas / garçon / le pull vert / le / est / Qui / ?
4. ne viens pas / est-ce / nous / Pourquoi / que / tu / avec / ?
5. comment / sac / est / Il / ton / ?
6. est-ce / Où / allez / vous / demain / que / ?

13 **Transformez avec *est-ce que*.**

0. Tu arrives quand ?
→ *Quand est-ce que tu arrives ?*
1. Comment vous vous appelez ?
2. Tu invites qui à ta fête ?
3. Pourquoi tu ne vas pas au cinéma ?
4. Ils travaillent où ?
5. Combien de mois tu restes à Londres ?
6. Il fait quoi dans la vie ?

QU'EST-CE QUE C'EST ? / QUI EST-CE ?

14 **Écrivez les questions.**

1. – .... ?
– C'est une chanson de Maître Gims.
2. – .... ?
– C'est mon meilleur ami.
3. – .... ?
– C'est mon portable.
4. – .... ?
– C'est un acteur américain.
5. – .... ?
– Ce sont des casques audio.
6. – .... ?
– Ce sont les copains de Pierre.

C'EST / IL EST (1)

15 **Choisissez la bonne réponse.**

1. [C'est / Elle est] Misty Copland. [C'est / Elle est] américaine, [c'est / elle est] danseuse.
2. Fatima et Yasmina ? [Ce sont / Elles sont] des élèves de troisième. [Ce sont / Elles sont] algériennes.
3. Regarde ! [C'est / Il est] le nouveau prof de maths. Est-ce qu'[c'est / il est] marié ?
4. – [Ce sont / Ils sont] médecins ou infirmiers ?
– Médecins : [ce sont / ils sont] des médecins espagnols.
5. – Qui est-ce ?
– [C'est / Il est] M. Ledoyen. [C'est / Il est] québécois, [c'est / il est] avocat.

16 **Complétez avec *c'est*, *ce sont*, *il est*, *elle est*, *ils sont*, *elles sont*.**

Alice Regarde cette photo !
Benji Qui est-ce ?
Alice (1) .... Harry Styles.
Benji Harry Styles ?
Alice Mais oui, (2) .... anglais, (3) .... chanteur et acteur. Il est très célèbre.
Benji Ah oui, c'est vrai ! (4) .... un acteur du film *Dunkerque*.
Alice Et elle ? (5) .... une actrice ?
Benji Non, c'est Christina Aguilera, (6) .... chanteuse.
Alice C'est vrai, je la connais ! (7) .... une chanteuse américaine.
Benji Moi, je n'aime pas ses chansons, j'écoute plutôt Beyoncé et Ariana Grande. (8) .... mes chanteuses préférées.
Alice (9) .... américaines ?
Benji Oui, et elles sont connues dans le monde entier.
Alice Moi, j'adore les Green Day, (10) .... américains eux aussi.

LA PHRASE NÉGATIVE (1)

17 **Mettez les éléments dans le bon ordre et écrivez la phrase négative.**

1. acteur / n' / célèbre / Ce / un / est / pas
2. est / pas / n' / chanteur / Omar Sy
3. l' / pas / de l' / aime / n' / Cédric / art / histoire
4. Moscou / à / n' / Didier Deschamps / pas / habite
5. n' / pas / Mika / allemand / est
6. parle / portugais / pas / ne / Pauline

18 **Transformez à la forme négative.**

1. Le film commence à 20 heures.
→ ....
2. Vous êtes très gentil, monsieur.
→ ....
3. Ils demandent pardon.
→ ....
4. Betty joue très bien au tennis.
→ ....
5. Le bus n° 42 passe par le centre-ville.
→ ....
6. Hélène est serveuse ; elle travaille dans un café du centre-ville.
→ ....

19 **Transformez à la forme positive.**

1. Ce n'est pas le sac de Marie-Ange.
→ ....
2. Elles ne travaillent pas le dimanche.
→ ....
3. Il n'habite pas à Lisbonne.
→ ....
4. Je ne suis pas étudiante.
→ ....
5. Joël Dicker n'est pas suisse.
→ ....
6. Nous ne parlons pas russe.
→ ....

20 **Répondez aux questions de manière affirmative (+) ou négative (–).**

0. – Il ne va pas au lycée ? (+)
– *Si, il va au lycée.*
1. – Ce sont des commerçants libanais ? (+)
– ....
2. – Ils parlent chinois ? (–)
– ....
3. – Ce n'est pas un avocat anglais ? (+)
– ....
4. – Elle n'étudie pas l'espagnol ? (+)
– ....
5. – Est-ce qu'il habite à Paris ? (+)
– ....
6. – Vous n'êtes pas en vacances ? (–)
– ....
7. – Tu ne viens pas avec nous, Léon ?
– ....

LES VERBES *ALLER* ET *VENIR*

21 **Conjuguez les verbes au présent.**

1. Ces cahiers n'.................... [appartenir] pas à Géraldine.
2. Elle .... [venir] de Belgique.
3. M. Florent ne .... [aller] pas souvent au cinéma.
4. Je .... [tenir] énormément à toi.
5. Le dimanche, ils .... [aller] toujours à la montagne.
6. Tu .... [revenir] demain matin ?
7. Vous .... [obtenir] toujours de bons résultats.
8. Où est-ce que tu .... [aller] en vacances ?

22 **Transformez les phrases avec les sujets proposés.**

1. Ce téléphone appartient à mes parents.
→ Ces téléphones ....
2. Je n'interviens pas dans cette discussion.
→ Nous ....
3. Louis va à l'école comment ?
→ Vous ....
4. Tu viens avec nous ?
→ Vous ....
5. Nous n'allons pas au théâtre ce soir.
→ Je ....
6. Vous devenez de plus en plus belles.
→ Tu ....

23 **TRADUCTION**

1. Ce n'est pas une cuisinière française : c'est la nouvelle serveuse belge.
2. Où est-ce que tu étudies ? À Milan ?
3. Qui est-ce qui ne va pas à l'école demain ?
4. Elle est à la retraite mais elle est encore active.
5. – D'où est-ce que tu viens ?
– Je suis turque, mais ma mère est grecque.
6. – Pardon madame, vous êtes célibataire ?
– Non, je ne suis pas célibataire ; je suis mariée.
7. – Qu'est-ce que c'est ? – C'est un parapluie.
8. – Qui c'est ? – C'est ma sœur : une fille douce, sympathique et intelligente.

Communication

LES FORMULES DE POLITESSE

24 ▶ 97 **Écoutez et répondez.**

1 À l'école

– (1) .... , vous pouvez répéter, (2) .... ?

2 À l'arrêt de bus

– (3) .... , le cinéma Odéon est loin d'ici ?

3 Dans la rue

– Bonjour Albert, ça va ? Tu es libre samedi soir ? (4) .... t'inviter chez moi.
– (5) .... ! J'accepte (6) ....

4 Au lycée

– Voilà ton livre.
– (7) ....
– (8) ....

25 **Complétez avec les formules de politesse proposées.**

Excusez-moi • Avec plaisir • De rien • C'est très gentil de votre part

1. ....

2. ....

3. ....

4. ....

26 **Complétez avec les formules de politesse.**

Thomas (1) .... , madame, (2) .... aller à l'auberge de jeunesse. Vous pouvez m'aider ?
Mme Legrand Bien sûr. Elle se trouve juste en face du cinéma, là-bas.
Thomas (3) .... , madame.
Mme Legrand (4) .... Passe un agréable séjour à Paris.

DEMANDER DES INFORMATIONS PERSONNELLES

27 ▶ 98 **Écoutez et complétez la fiche.**

Prénom ....
Nom ....
Ville ....
Pays ....
Profession ....

28 **Complétez le dialogue.**

Laure Bonjour monsieur, c'est pour l'inscription à la piscine.
M. Lafont D'accord. J'ai besoin de quelques informations pour ta fiche. (1) .... ?
Laure Laure Duval.
M. Lafont (2) .... ?
Laure J'ai 16 ans.
M. Lafont (3) .... ?
Laure Je suis née le 13 mai 2002.
M. Lafont (4) .... ?
Laure J'habite ici, à Toulon.
M. Lafont (5) .... ?
Laure 7, rue Francis Garnier.
M. Lafont (6) .... ?
Laure 06 48 77 92 55.
M. Lafont C'est tout. Merci. À bientôt alors !

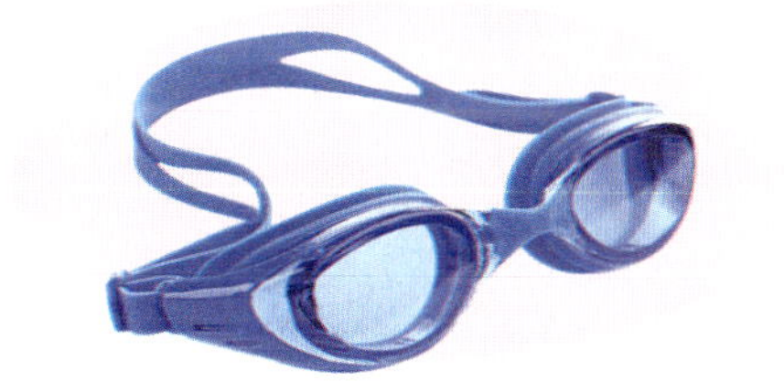

29 **Lisez la présentation de Tahar Ben Jelloun p. 47 et trouvez les questions du/de la journaliste.**

1. – .... ? – Je m'appelle Tahar Ben Jelloun.
2. – .... ? – Je suis écrivain.
3. – .... ? – Je suis franco-marocain.
4. – .... ? – Je suis né à Fès.
5. – .... ? – Oui, je suis marié.

30 **Complétez la présentation de Marion Cotillard : cherchez sur Internet. Puis écrivez une interview, avec des questions et des réponses.**

Prénom	Nationalité ....
Nom	Profession ....
Lieu de naissance	État civil ....
Date de naissance	Passions l'écologie

31 **Il y a un(e) nouveau/nouvelle voisin(e) dans ton quartier. Écrivez 6 questions pour faire sa connaissance.**

32 **Lisez la fiche de Mika et écrivez sa présentation.**

Prénom Michael
Nom Holbrook Penniman
Lieu de naissance Beyrouth, Liban
Date de naissance 18 août 1983
Nationalité libanaise, anglaise
Profession chanteur
État civil célibataire
Passions musique pop et pop-rock, musique classique

33 ▶ 99 **DICTÉE** **Écoutez et écrivez.**

0·2 Je m'évalue

1 Écrivez le nom des pays.

1. Sa capitale est Paris. C'est ....
2. Sa capitale est Berlin. C'est ....
3. Sa capitale est Madrid. C'est ....
4. Sa capitale est Le Caire. C'est ....
5. Sa capitale est Tokyo. C'est ....
6. Sa capitale est Lima. C'est ....

...... / 3

2 Complétez avec les mois manquants.

	février		avril
mai		juillet	
	octobre		décembre

...... / 3

3 Écrivez les nombres en lettres.

a. 12 373 b. 21 780 c. 82 465 d. 96 800

...... / 4

4 Complétez le dialogue avec les expressions proposées.

avec plaisir • au revoir • salut • on fait aller • merci • pardon • enchantée • bonne journée • de rien • bonjour • assez bien • vous allez bien

Dialogue A

A Madame, je vous présente mon mari.
B (1) .... , monsieur.
A Vous venez dîner à la maison, dimanche ?
B (2) ....

Dialogue B

A (3) .... , Monsieur Fernandez.
B Madame Moulin, (4) .... ?
A Pas mal, (5) ....
B (6) .... , madame, et (7) ....

Dialogue C

A (8) .... , monsieur, le cinéma ?
B Là, devant vous.
A Merci.
B (9) ....

Dialogue D

A (10) .... Marius, ça va ?
B Salut Romain, (11) .... , et toi ?
A (12) ....

...... / 12

5 Complétez avec les articles définis ou indéfinis.

1. .... dimanche, je ne travaille pas.
2. .... copine de mon frère va au lycée.
3. C'est .... histoire extraordinaire.
4. Dans ma trousse, j'ai .... stylos.
5. .... parents de Sylvie sont journalistes.
6. Ce sont .... actrices célèbres.
7. Voilà .... école de Manon.
8. C'est .... Japonais qui habite en France.

...... / 8

6 Transformez les phrases au pluriel.

1. C'est une moto américaine.
   → ....
2. Il est scrupuleux.
   → ....
3. Elle aime le cours de danse.
   → ....

...... / 6

7 Trouvez la question.

1. – ....
   – C'est un journaliste du *Figaro*.
2. – ....
   – Ce sont les rouges à lèvres de Pauline.
3. – ....
   – Il est architecte.
4. – ....
   – Ce sont les acteurs de *Star Wars*.
5. – ....
   – C'est une brosse à dents.

...... / 5

8 Complétez avec *c'est*, *il est*, *elle est*, *ce sont*, *ils sont*, *elles sont*.

1. Sa profession ? .... musicienne.
2. .... le professeur de latin de Solène.
3. Elle, ... Delphine.
4. .... les parents de Violette.
5. .... mariées, tes sœurs ?
6. .... une chanteuse portugaise.
7. .... algériens.
8. .... des lycéennes belges.

...... / 8

9 Complétez avec l'adjectif possessif correspondant aux mots soulignés.

1. Tu me passes .... cahier, s'il te plaît ?
2. Béatrice et Didier partent en vacances avec .... amis.
3. Vous avez .... passeport, mademoiselle ?
4. .... idée est vraiment excellente, Hervé.
5. – Ce n'est pas la sœur de Denise ?
   – Non, c'est .... mère !
6. Nous appelons .... amies sénégalaises.
7. Tatiana habite à côté de .... lycée.
8. Ce sont .... lunettes, madame ?
9. Tu ne trouves pas .... clés ?
10. – C'est la maison de Thérèse et de Lorraine ?
    – Oui, c'est .... maison.

...... / 10

10 Transformez au féminin.

1. le chien noir
2. un ouvrier breton
3. le frère aîné
4. un élève nul
5. un américain gros
6. le policier roux
7. un ami actif
8. un infirmier grec
9. un champion japonais
10. un vieux copain

...... / 10

11 Complétez avec les adjectifs de nationalité (accordez en genre et en nombre).

1. Joan est née à Canberra [Australie]. Elle est ....
2. Marie-Ange habite à Montréal [Canada]. Elle est ....
3. Cheng vient de Pékin [Chine]. Il est ....
4. Hiba et sa sœur sont nées à Tunis [Tunisie]. Elles sont ....
5. Elle s'appelle Agata Smirnova [Russie]. Elle est ....
6. La ville natale de Carmela est Barcelone [Espagne]. Carmela est ....
7. Les Müller habitent à Bonn [Allemagne]. Ils sont ....
8. Les sœurs Wagner viennent de Strasbourg [France]. Elles sont ....

...... / 8

12 Posez la question avec *est-ce que*.

1. – ....
   – Nous habitons à Brest.
2. – ....
   – Si, elle est américaine.
3. – ....
   – Nous parlons de René et Richard.
4. – ....
   – J'étudie parce que demain j'ai un test.
5. – ....
   – Elle a deux portables.
6. – ....
   – Il va au travail en voiture.
7. – ....
   – Elles arrivent lundi.
8. – ....
   – Non, il n'est pas médecin.
9. – ....
   – J'ai besoin de repos.
10. – ....
    – Il vient de Florence.

...... / 10

13 Transformez à la forme négative.

1. C'est un élève du collège Henri IV.
2. Nous habitons en Belgique.
3. Il est marié.
4. Est-ce qu'elles étudient l'allemand ?
5. Ce sont des Australiens.

...... / 5

14 Conjuguez les verbes au présent.

1. Vous .... [être] brésiliens ?
2. Tu .... [aller] à Nantes ?
3. Ils .... [venir] samedi ?
4. Vous .... [aimer] la géographie.
5. Je .... [travailler] en Argentine.
6. Elle .... [avoir] 50 ans.
7. Je .... [aller] au lycée.
8. Tu .... [chanter] bien !

...... / 8

TOTAL ...... / 100

9 C'est qui ?

0. C'est le fils de ma fille. C'est mon ...petit-fils... petit-fils.
1. C'est la fille de ma tante. C'est ma ....
2. C'est l'homme que j'ai épousé. C'est mon ....
3. C'est le fils de ma sœur. C'est mon ....
4. C'est la femme de mon frère. C'est ma ....
5. C'est le frère de ma mère. C'est mon ....
6. C'est le papa de ma maman. C'est mon ....
7. C'est le père de ma femme. C'est mon ....

Grammaire

LA FORMATION DU FÉMININ (3)

10 Choisissez la forme correcte.

1. C'est une fille [travailleuse / travailleure / travailleur].
2. Mme Rica est une [chanteur / chanteuse / chantrice] turque.
3. Cette boisson est [meilleur / meilleuse / meilleure] que l'autre.
4. Gaëlle est [menteuse / menteur / menteure].
5. C'est l'[actrice / acteuse / acteure] qui joue le rôle de la [servitrice / servante / serviteuse].
6. C'est la première fois que je rencontre cette [inspecteure / inspecteuse / inspectrice].

11 Transformez au féminin.

1. Ma .... [coiffeur] est très professionnelle.
2. Adèle est une femme .... [observateur].
3. Ma sœur a 18 ans, elle est .... [majeur].
4. Les jambes sont dans la partie .... [inférieur] du corps.
5. J'aime beaucoup cette jeune .... [danseur].
6. C'est une .... [vendeur] de parapluies.

LA FORMATION DU PLURIEL (2)

12 Dans chaque groupe de mots, trouvez le terme qui ne forme pas le pluriel comme les autres.

1. cheveu / feu / jeu / bleu
2. profil / fusil / fauteuil / naturel
3. journal / bal / spécial / animal
4. bijou / clou / fou / mou
5. cocktail / conseil / travail / détail
6. genou / caillou / chou / trou

13 Choisissez la forme correcte.

1. Nous avons 15 petits [agneaux / agneaus / agneau] dans la ferme.
2. À Noël, nous avons reçu de magnifiques [cadeaus / cadeau / cadeaux].
3. J'ai horreur des [adieu / adieus / adieux].
4. Sylvie adore danser et elle va à deux [bals / balx / baux] ce week-end.
5. Ces deux [monsieurs / messieur / messieurs] font des discours [banals / banales / banaux].
6. Mamie lit seulement les [journals / journaux / journal] [local / locaux / locals].

14 Transformez au pluriel.

1. un sac original
2. le nouveau chapeau
3. un travail intéressant
4. un caillou rond
5. un cheval et un taureau
6. un neveu malheureux

IL Y A

15 **Complétez avec *c'est*, *ce sont*, *il y a* ou *être là* (à conjuguer).**

1. Voilà Thierry et Victor, ... mes nouveaux copains.
2. Dans ma classe, ... deux élèves sud-américains.
3. Est-ce que Xavier .... ?
4. Je te présente les Olivier. .... mes voisins.
5. Aujourd'hui chez le dentiste .... beaucoup de patients.
6. .... une professeure : elle travaille au lycée Jules Verne.
7. Dans son bureau, ... trois nouveaux ordinateurs.
8. Pardon madame. Guillaume et Sarah .... ?

LES ARTICLES CONTRACTÉS

16 **Complétez avec *à*, *au*, *à la*, *à l'*, *aux*.**

1. Dorine parle .... son copain.
2. Vous travaillez .... hôtel Beauregard ?
3. Rendez-vous .... cinéma à 9h30 !
4. Le patron parle .... ouvrières.
5. Il téléphone .... grand-mère de sa femme.
6. Nous pensons .... Katy, la jeune fille irlandaise .... cheveux roux.

17 **Complétez avec *de*, *d'*, *du*, *de la*, *de l'*, *des*.**

1. Nous regardons volontiers les photos .... vacances.
2. La femme .... mon collègue est une belle actrice française.
3. Le nouveau voisin .... Irène est vraiment sympathique.
4. La secrétaire .... avocat est aimable et disponible.
5. Le fils .... professeur est très beau.
6. J'adore les yeux .... nièce .... M. Dubois.
7. Plus .... 40 % des élèves ont des difficultés en mathématiques.

LES VERBES DU DEUXIÈME GROUPE

18 **Associez le sujet à la forme verbale correspondante (plusieurs réponses possibles).**

1. ☐ je / j'	a. applaudissez
2. ☐ tu	b. agis
3. ☐ il / elle	c. choisissons
4. ☐ nous	d. remplit
5. ☐ vous	e. réussissent
6. ☐ ils / elles	f. grossis
	g. obéissent

19 **Conjuguez les verbes entre parenthèses au présent.**

1. Tu .... [finir] tes devoirs avant de sortir.
2. Heureusement, en vacances, je .... [maigrir].
3. Quand les gens .... [vieillir], ils ont les cheveux blancs.
4. Nous .... [applaudir] les acteurs.
5. Cette fille est vraiment timide ! Elle .... [rougir] souvent.
6. Elles .... [réussir] toujours à trouver la bonne solution.
7. Ils .... [choisir] un nouvel ordinateur avec la vendeuse.
8. Vous .... [grandir] à vue d'œil, les enfants !

20 **Complétez avec les verbes proposés, conjugués au présent.**

choisir • définir • grandir • rougir • réfléchir • remplir

1. Bruno .... l'itinéraire de notre prochain voyage en Irlande.
2. Je suis très émotive : je .... facilement.
3. Les arbres .... dans le jardin.
4. Nous .... à la possibilité de continuer nos études à l'étranger.
5. Pour l'inscription, vous .... cette fiche et c'est tout.
6. Tu .... très bien tes cravates.

LES PRONOMS PERSONNELS TONIQUES

21 Complétez avec le pronom personnel tonique qui convient.

1. Et .... , tu viens d'où ?
2. Yves et .... , nous travaillons et .... , vous allez à la piscine : ce n'est pas juste !
3. .... aussi, ils étudient le grec moderne.
4. Nicolas est mon voisin ; je vais volontiers chez ....
5. – C'est Valérie ?
   – Oui, c'est ....
6. .... , nous avons un petit chien, et .... , est-ce que vous avez des animaux ?
7. .... , elles sont sénégalaises, non ?
8. Paco et Diego sont très drôles ; avec .... je ne m'ennuie jamais.

22 Complétez avec les pronoms personnels atones ou toniques.

1. .... , il parle anglais et elle, ... parle arabe.
2. .... lisez beaucoup mais vos sœurs, ... , ne lisent pas du tout.
3. – C'est Lucie ?
   – Oui, c'est ....
4. Mes amis sont encore chez .... : .... sont en retard, comme d'habitude !
5. Elle sort avec .... parce qu'.................. est très intelligent et sympathique.
6. Serge et .... , ... faisons du tennis ensemble.

LES VERBES *FAIRE* ET *LIRE*

23 Conjuguez le verbe *faire* au présent.

1. Mon copain et moi, nous .... tous les exposés ensemble.
2. Vous .... vos devoirs ou bien vous regardez la télé ?
3. Aujourd'hui, Marthe et Brice .... une promenade avec leurs enfants.
4. Ma grand-mère .... toujours des gâteaux délicieux.
5. – Quel métier tu .... ?
   – Je suis journaliste.
6. Je .... du ski avec mon oncle.

24 Conjuguez le verbe *lire* au présent de l'indicatif.

1. Les étudiants .... tous les chapitres importants avant l'examen.
2. Tu .... le journal tous les jours ?
3. Moi, je .... les infos sur Internet !
4. La mère .... une histoire à son enfant.
5. Nous .... le bulletin météo avant de sortir.
6. Combien de livres vous .... par an ?

25 TRADUCTION

1. La dame devant la porte de mon école, c'est madame François.
2. – C'est qui ?
   – C'est nous.
3. Sur ma table, il y a ma trousse et il y a aussi mes livres.
4. – Giulio est là ?
   – Non, il n'est pas là.
   – À quelle heure il arrive ?
   – À 19h30.
5. Je travaille avec elle : c'est la belle-sœur d'Odette.
6. La sœur de mon amie est grande, maigre, gentille et ambitieuse.
7. – Où tu vas dimanche ?
   – Je vais chez la tante de Marisa.
8. Je lis un livre et je fais les exercices d'anglais.
9. Quelle heure il est ?
   – Il est cinq heures et quart.
   – Alors je ne suis pas en retard à mon rendez-vous de cinq heures et demie.
10. Lui, c'est mon nouveau voisin ; eux, ce sont ses parents et le monsieur derrière la voiture, c'est son grand-père.
11. Nous ne réussissons pas à trouver l'erreur.

Communication

DÉCRIRE L'ASPECT PHYSIQUE ET LE CARACTÈRE

26 **Françoise est l'opposé de François. Écrivez sa présentation.**

François est grand et mince. Il a les cheveux bruns et frisés. Il est gentil, réservé et attentif. Il enseigne l'anglais dans un lycée. C'est un professeur sévère mais calme et réfléchi.

27 **À l'aide de la photo et de la fiche, écrivez la description physique de Charlotte Gainsbourg.**

Taille 1 m 73
Poids 50 kg
Yeux marron
Cheveux châtains

....
....
....
....
....

28 **Lisez le post de Léon ; puis écrivez votre propre description.**

Salut, tout le monde ! Je me présente : je m'appelle **Léon** et j'ai 14 ans. J'habite à Vichy, avec mes parents et ma grand-mère, juste devant la gare. Je suis grand. J'ai des cheveux blonds très courts et des yeux marron. Mon nez est petit et fin. Je suis gentil et toujours gai, mais aussi jaloux et un peu trop méticuleux. Je suis studieux et j'aime surtout les langues étrangères. Je cherche de jeunes Anglais, Français et Allemands pour m'exercer à parler leurs langues et me faire de nouveaux amis !

29 **Maintenant, transformez votre description en une présentation vidéo à l'aide de votre smartphone et montrez-la à la classe.**

30 Vers le DELF **Décrivez votre ami(e). Parlez de son aspect physique, de ses qualités et de ses défauts.**

....
....
....
....
....
....
....
....
....
....
....
....

31 ▶ 102 **Écoutez et dites qui c'est. Puis, faites la description de l'autre personne.**

DEMANDER ET DIRE L'HEURE

32 Choisissez l'expression correcte.

1. a. ☐ Il est dix heures et demie.
   b. ☐ Il est les dix et demie.
   c. ☐ Il est dix heures et demi.
2. a. ☐ Paul arrive à huit heures et un quart.
   b. ☐ Paul arrive à huit heures quinze.
   c. ☐ Paul arrive à huit heures et quinze.
3. a. ☐ Il est neuf heures et cinquante.
   b. ☐ Ce sont neuf heures cinquante.
   c. ☐ Il est dix heures moins dix.
4. a. ☐ Je vais au cinéma aux trois.
   b. ☐ Je vais au cinéma à trois heures.
   c. ☐ Je vais au cinéma aux trois heures.
5. a. ☐ Il est une heure moins le quart.
   b. ☐ Il est une heures moins le quart.
   c. ☐ Il est une heure moins un quart.
6. a. ☐ Nous avons cours de huit à midi trente.
   b. ☐ Nous avons cours de huit heures à douze heures trente.
   c. ☐ Nous avons cours des huit heures aux douze heures trente.
7. a. ☐ C'est quelle heure ?
   b. ☐ Ce sont quelles heures ?
   c. ☐ Il est quelle heure ?

33 ▶ 103 Écoutez et dessinez les aiguilles des horloges.

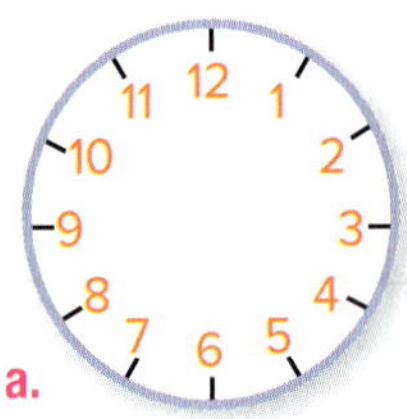
a.
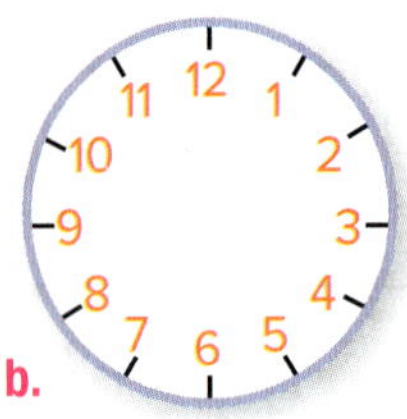
b.
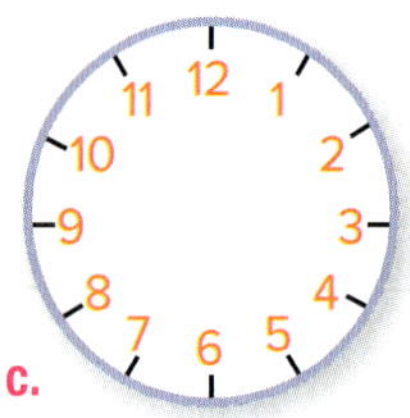
c.
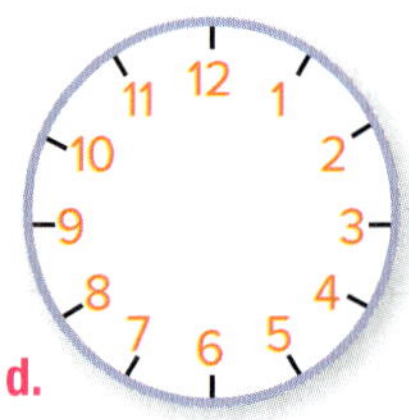
d.
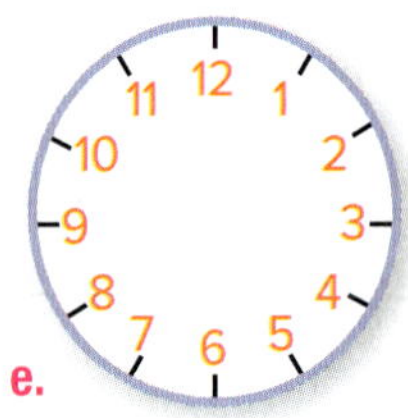
e.
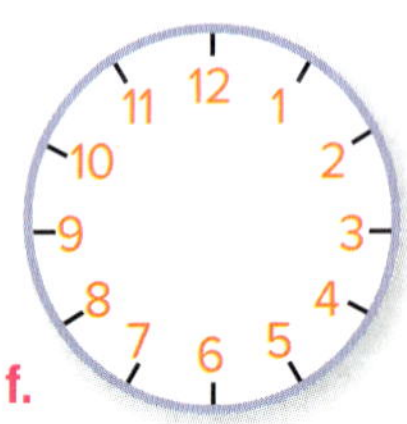
f.
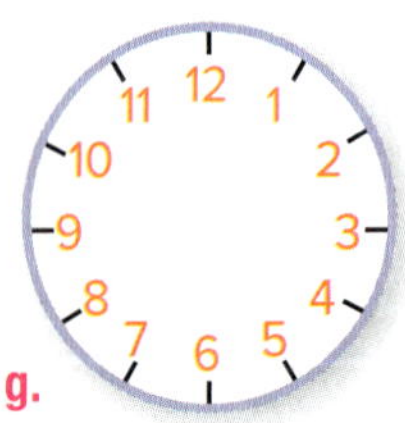
g.
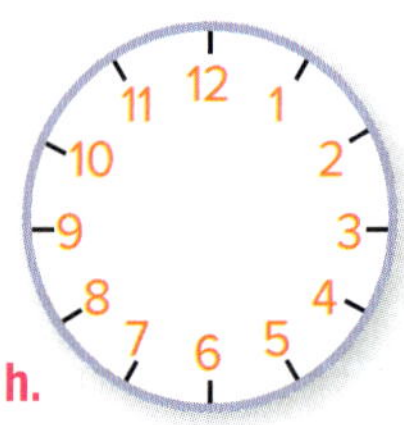
h.
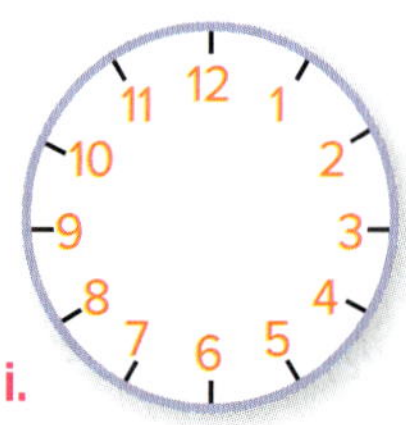
i.
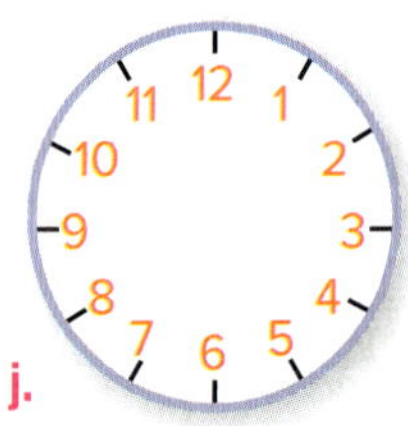
j.

34 Complétez.

1. Le cours commence à 8 heures. Il est 7 heures 59 et je suis encore dans le bus.
   Je suis .... !
2. Le film commence à 21 heures 40. Il est 21 heures. Nous sommes ....
3. Il est important d'arriver .... à un rendez-vous de travail.
4. Ma sœur fait ses devoirs .... 15 heures .... 17 heures, puis elle sort.
5. – La fête est à 9 heures.
   – Du matin ?!
   – Mais non, ... !

35 ▶ 104 DICTÉE Écoutez et écrivez.

Temps libre

1 **Relisez la brochure à la p. 68 et complétez le tableau.**

heure	activité(s)	heure	activité(s)
08h00	*réveil*	14h00	
08h30		19h00	
10h00		20h30	
12h15		22h30	
13h00			

2 **Utilisez les éléments du tableau pour former des phrases complètes.**

Les participants se réveillent à 8 heures.

3 ▶ 105 **Vers le DELF** **Philippe et André sont dans la même classe. Écoutez et cochez la bonne réponse.**

1. Les deux camarades parlent de :
   a. ☐ notes et devoirs.
   b. ☐ sports et loisirs.
   c. ☐ cours et horaires.
2. Philippe demande à André :
   a. ☐ de l'aider avec les devoirs.
   b. ☐ de s'entraîner ensemble.
   c. ☐ les deux.
3. Est-ce qu'André accepte ?
   a. ☐ Oui.
   b. ☐ Non.
   c. ☐ On ne sait pas.
4. Philippe s'entraîne :
   a. ☐ tous les après-midi.
   b. ☐ le samedi matin.
   c. ☐ le vendredi matin.
5. André apprécie :
   a. ☐ le sport.
   b. ☐ la musique classique.
   c. ☐ les jeux vidéo.
6. André fait du sport :
   a. ☐ de temps en temps.
   b. ☐ souvent.
   c. ☐ rarement.

4 **Lisez les textes, puis soulignez ce que les personnages aiment et entourez ce qu'ils n'aiment pas.**

Ahmed

Le dimanche matin, je joue au basket avec mes amis. Je suis fou d'escalade. J'aime beaucoup aussi sauter en parachute : cela me procure des sensations fortes. Je vous invite à le faire au moins une fois dans votre vie !

Inès

Moi, je ne suis pas très sportive. Je n'aime pas du tout faire du jogging : je préfère me promener. Je ne le fais pas tous les jours, mais au moins trois fois par semaine. J'apprécie les romans historiques et j'ai un faible pour les films d'amour et les séries policières. Par contre, je n'aime pas la télévision parce que je la trouve ennuyeuse !

Monique

J'aime bien faire du jardinage avec mes petits-enfants : ils adorent la nature comme moi et on s'amuse beaucoup ensemble. J'aime aussi faire de la photographie et j'adore cuisiner. Mon mari, lui, aime beaucoup bricoler. Moi, je déteste ça ! Et vous, quelle est votre passion ?

LES ADJECTIFS DÉMONSTRATIFS

15 Remplacez les articles définis par les adjectifs démonstratifs correspondants.

0. Le pull orange est à Odile.
→ Ce pull orange est à Odile.
1. J'adore les randonnées à la montagne.
→ ....
2. Il aime bien le camping.
→ ....
3. Le livre est ennuyeux.
→ ....
4. Les cadeaux sont pour elle.
→ ....
5. L'activité commence à 10h00.
→ ....
6. L'acteur est nul.
→ ....
7. Tu me passes la brochure, s'il te plaît ?
→ ....
8. L'hôtel est complet.
→ ....

16 Complétez avec les adjectifs démonstratifs qui conviennent.

1. Pour nos vacances à Paris, nous louons un appartement. .... appartement est situé derrière le Panthéon.
2. Samedi soir, je vais écouter des musiciens argentins. .... musiciens sont impressionnants.
3. L'association travaille avec des jeunes de 6 à 17 ans. .... association existe depuis trente ans.
4. Le nouveau film avec Omar Sy est formidable. .... film est très drôle.
5. Mon grand-père plante un arbre dans son jardin. .... arbre est un cerisier.
6. Paul achète une rose pour sa maman. .... rose est magnifique.
7. Léo aide une dame à porter ses valises. .... valises sont très lourdes.
8. Dans la vitrine, il y a un objet bizarre. À quoi sert .... objet ?

LE PRONOM INDÉFINI *ON*

17 Remplacez les sujets par le pronom *on* et faites tous les changements nécessaires.

0. Cet après-midi, Jackie et moi, nous allons au zoo. → Cet après-midi, Jackie et moi, on va au zoo.
1. Dans ce village, les gens aiment danser.
2. Mon frère et moi, nous nous ressemblons beaucoup.
3. Votre attention s'il vous plaît : quelqu'un demande M. Lenormand à la réception.
4. Le dimanche, normalement les gens dorment plus longtemps.
5. Nabila, quelqu'un te demande au téléphone.
6. Tous les week-ends, nous faisons des promenades à la campagne.

18 Remplacez le pronom *on* par *nous*, *les gens* ou *quelqu'un*. Faites tous les changements nécessaires.

0. Cet après-midi, Julie et moi, on va au cinéma. → Cet après-midi, Julie et moi, nous allons au cinéma.
1. À quelle heure on rentre demain ?
2. En Belgique, on parle wallon et flamand.
3. On sonne à la porte. Va ouvrir, s'il te plaît.
4. En Chine, on mange rarement du fromage.
5. Maman, on te demande au téléphone.
6. Bonjour, on a rendez-vous avec le directeur à 15 heures.

LES ADJECTIFS INTERROGATIFS

19 Complétez avec les adjectifs interrogatifs qui conviennent.

1. Dans .... ville du sud de la France a lieu un grand carnaval ?
2. À .... heure se terminent les leçons le jour de la rentrée ?
3. .... sont les sports proposés dans la colonie ?
4. Pour .... associations Julie est bénévole ?
5. .... séries tu aimes ?

6. .... sont les horaires d'ouverture de ce musée ?
7. De .... document vous avez besoin ?
8. Tu sais .... est la date de l'anniversaire de Javier ?
9. .... genre de musique est-ce que tu écoutes ?
10. À l'école, ... est votre matière préférée ?
11. À .... heure part le train pour Dijon ?

20 **Demandez une précision, comme dans l'exemple.**

0. J'écoute une chanson. → *Quelle chanson ?*
1. Lundi, j'assiste à un concert.
2. Ce sport est fatigant.
3. Ces théâtres sont fermés aujourd'hui.
4. Tu ne me montres pas tes photos ?
5. Ils ont des animaux chez eux.
6. Voilà ma couleur préférée.

LES PRÉPOSITIONS AVEC LES NOMS GÉOGRAPHIQUES

21 **Complétez avec les prépositions qui conviennent.**

1. Alfonso habite .... Mexique, ... Amérique du Sud.
2. Nous passons nos vacances .... Allemagne, ... Berlin.
3. Noémie vient .... Liban, elle habite .... Beyrouth.
4. Rachel est originaire .... Israël, mais elle vit .... Iran.
5. D'où est-ce que vous venez ? .... Belgique ou .... France ?
6. J'espère faire un voyage .... Suède.
7. Le père de David travaille .... États-Unis, ... Boston.
8. Anneke est originaire .... Pays-Bas, ... Amsterdam exactement.
9. J'aimerais faire un tour .... Danemark, ... Copenhague .... Viborg.
10. Quand je reviens .... Inde, je veux aller .... Cambodge.

LES VERBES *PRENDRE* ET *SORTIR*

22 **Conjuguez les verbes entre parenthèses.**

1. Au lycée, j'.................... [apprendre] l'anglais, le français et l'allemand.
2. Ils ne .... [comprendre] pas la chimie.
3. Son fils .... [dormir] très mal : il souffre d'insomnie.
4. Nous .... [entreprendre] actuellement un nouveau projet de recherche.
5. Vous ne .... [mentir] jamais ? Difficile à croire.
6. À quoi .... [servir] cet objet ?
7. Moi, je voudrais un verre d'eau. Et vous, M. Martin, qu'est-ce que vous .... [prendre] ?
8. Nous ne .... [se sentir] pas bien.
9. Ce soir, nous ne .... [sortir] pas : il y a notre série préférée à la télé.

23 **TRADUCTION**

1. Laurence n'aime pas la montagne ; le dimanche, elle préfère visiter des musées ou faire des promenades.
2. Quand je sors avec mes amis, nous allons souvent au cinéma et, une fois par mois, on assiste à un spectacle.
3. Claude tombe rarement malade et il n'est jamais fatigué.
4. Nous nous réveillons tous les jours à six heures et demie et nous allons toujours nous coucher très tard.
5. J'aime étudier la philosophie, mais je déteste faire les devoirs de mathématiques : je les fais toujours le soir.
6. On fait du volley deux fois par semaine et parfois aussi le mercredi.
7. Capucine joue du piano et Alice de la guitare.
8. J'adore jouer aux cartes et au golf.
9. Quand on rentre d'Allemagne, on va au Portugal, à Lisbonne puis aux Pays-Bas.
10. Quand on est amoureux, on se sent heureux.

Communication

PARLER DE SES GOÛTS ET DE SES PRÉFÉRENCES

24 **Voici les chambres d'Arthur et Léna. Observez-les et écrivez ce qu'ils aiment faire.**

0. Arthur aime lire des BD.
1. ……………………
2. ……………………
3. ……………………
4. ……………………
5. ……………………
6. ……………………
7. ……………………
8. ……………………
9. ……………………
10. ……………………
11. ……………………

25 **Observez les images et écrivez ce que ces personnes aiment ou n'aiment pas faire.**

1. Hervé ……………………
……………………

2. Anne ……………………
……………………

3. Inès ……………………
……………………

4. Jean ……………………
……………………

26 **Écrivez si vous aimez ces activités ou non et précisez avec quelle fréquence vous les pratiquez.**

0. faire mes devoirs	*Je déteste faire mes devoirs. Je les fais tous les soirs.*
1. lire	
2. écouter de la musique	
3. danser	
4. regarder la télé	
5. chatter avec mes amis	
6. jouer aux jeux vidéo	
7. surfer sur Internet	
8. aller au cinéma	

27 **Classez les matières que vous étudiez par ordre de préférence, puis formulez six phrases pour décrire vos goûts.**

PARLER DE SA ROUTINE

28 ▶ 108 **Écoutez et remettez les actions dans le bon ordre.**

29 Vers le DELF **Sur le modèle du blog à la p. 79, écrivez un texte et décrivez les habitudes d'un membre de la famille.**

30 **Maintenant écrivez votre journée, pendant les vacances de Noël et pendant les vacances d'été.**

31 ▶ 109 DICTÉE **Écoutez et écrivez.**

Vendre et acheter

1 Vers le DELF Lisez le document et cochez la bonne réponse.

ITALIE DEUX est un centre commercial du 13e arrondissement de Paris : il y a près de 130 magasins et beaucoup de restaurants. Vous pouvez y trouver des bijouteries, des magasins de chaussures, de décoration, de mode, de beauté et santé, de multimédia, culture et loisirs ainsi que des boutiques de jouets et un supermarché. Pour votre pause déjeuner, pas de problème : choisissez parmi nos 16 restaurants et bars. Passionnés de culture, venez dans notre nouveau théâtre, avec ses deux salles de 900 et 130 places.

ITALIE DEUX
30 AVENUE D'ITALIE – 75013 PARIS
MÉTRO 5, 6 ET 7 – STATION PLACE D'ITALIE

Ouvert du lundi au samedi de 10h00 à 20h00 (sauf le jeudi : 21h) et le dimanche de 11h00 à 19h00 (supermarché de 9h00 à 12h45).

1. Il s'agit d'une publicité pour :
   a. ☐ un site Internet.
   b. ☐ un centre commercial.
   c. ☐ un nouveau magasin.
2. Que vendent les magasins ? (plusieurs réponses possibles)
   a. ☐ Des jeux pour enfants.
   b. ☐ Des vêtements.
   c. ☐ Des fournitures scolaires.
   d. ☐ Du maquillage.
   e. ☐ Des articles de sport.
   f. ☐ Des outils pour le bricolage.
3. Selon toi, pourquoi Italie Deux porte ce nom ?
   a. ☐ Parce qu'il vend des produits italiens.
   b. ☐ Parce qu'il prend le nom de la rue où il se trouve.
   c. ☐ Parce qu'il est en Italie.
4. Est-ce que Italie Deux est ouvert 7 jours sur 7 ?
   a. ☐ Oui.
   b. ☐ Non.
5. Est-ce que tu peux faire tes courses alimentaires le dimanche après-midi ?
   a. ☐ Oui.
   b. ☐ Non.

2 ▶ 110 Cochez les noms des magasins cités par Julie.

1. ☐ le supermarché
2. ☐ la librairie
3. ☐ la boucherie
4. ☐ le magasin de fleurs
5. ☐ la boulangerie
6. ☐ la supérette
7. ☐ la pharmacie
8. ☐ le kiosque à journaux

3 ▶ 111 Écoutez et complétez le tableau.

	Où est-ce qu'ils font leurs courses ?	Pourquoi ?
personne 1		
personne 2		
personne 3		

Mots et expressions

4 **Trouvez les 8 mots correspondant aux images.**

C	Y	Z	L	J	Q	V	B	G	R	R
H	R	B	D	N	R	B	R	X	J	G
A	R	T	I	C	H	A	U	I	W	E
R	T	E	T	S	I	R	O	W	N	Y
P	N	M	R	S	C	C	T	I	J	R
O	T	O	I	G	I	O	R	T	L	L
I	Q	N	R	R	I	A	T	B	Z	N
S	T	N	B	V	D	A	W	T	D	Q
S	G	A	T	N	I	M	N	M	E	G
O	Q	W	A	N	J	O	G	I	B	R
N	Y	M	M	Z	D	R	P	P	V	N

a.

b.

c.

d.

e.

f.

g.

h.

5 112 **Alice (A) et Chloé (C) parlent de leurs habitudes alimentaires. Associez les aliments à la bonne personne. Attention : il y a des intrus.**

a ☐

b ☐

c ☐

d ☐

e ☐

f ☐

g ☐

h ☐

i ☐

j ☐

- deux canettes de lait
- trois boîtes de miel
- une tablette de riz
- une barquette de fromage
- deux bouteilles de chips
- un kilo d'huile
- une pincée de mayonnaise

6 **Votre correspondant(e) anglais(e) a fait la liste de courses, mais il/elle s'est trompé(e) pour les quantités et les emballages. Corrigez ses fautes.**

....

....

....

....

....

....

7 **Trouvez l'intrus, puis écris le nom du magasin où on peut acheter les autres produits.**

1. lait • beurre • vinaigre • fromage • yaourt → ....
2. café • poivre • huile • glace • moutarde → ....
3. citron • jus de fruits • banane • haricots • ail → ....
4. poisson • poulet • agneau • bœuf • mouton → ....
5. cahier • stylo • crayon • gomme • bonbon → ....
6. baguette • viennoiserie • œuf • croissant • pain → ....

8 **Complétez avec le nom du magasin ou du/de la commerçan t(e). Utilise la bonne préposition.**

1. à la boucherie → ....
2. à la librairie → ....
3. .... → chez le poissonnier/la poissonnière
4. à la pâtisserie → ....
5. .... → chez le/la pharmacien(ne)
6. au bureau de tabac → ....
7. .... → chez le/la marchand(e) de journaux

9 ▶ 113 **Écoutez et complétez.**

TOMATES FARCIES AU THON

Ingrédients pour 4 personnes

- *4 grosses ....*
- *1 poignée de céleri haché*
- *200 g de .... blancs déjà cuits*
- *1 .... (environ 150 g) d'olives noires dénoyautées*
- *2 grandes .... de thon*
- *4 .... de thym séché*
- *3 .... de ....*
- *4 .... d'huile d'olive extra-vierge*
- *quelques .... de citron*
- *sel / ....*

Grammaire

L'IMPÉRATIF

10 **Écrivez la recette des gaufres à l'impératif.**

- Mélanger la farine et le sel. → *Mélangez...*
- Incorporer les œufs, le beurre fondu, le lait et l'eau.
- Fouetter avec un fouet manuel ou électrique.
- Ajouter le sucre, le sucre vanillé, l'huile et la levure.
- Laisser reposer 20 minutes.
- Huiler le gaufrier.
- Verser la pâte dans les moules du gaufrier.
- Faire cuire 3 minutes.
- Manger ces gaufres avec du sucre glace, de la confiture ou du chocolat fondu.

11 **Donnez des conseils à un(e) ami(e) pour faire un pique-nique écologique.**

Pour faire un pique-nique écologique...

- tu dois acheter des fruits et légumes de saison → *Achète des fruits et légumes de saison !*
- tu dois oublier les objets en plastique → ....
- tu dois laisser ta voiture au garage et prendre ton vélo → ....
- tu dois profiter de la nature et faire une promenade → ....
- tu dois avoir du respect pour la nature et ne pas laisser de déchets → ....

LES ARTICLES PARTITIFS

12 **Choisissez les articles partitifs qui conviennent.**

1. Donne-moi [de l' / du / de la] eau, s'il te plaît.
2. Au petit déjeuner, il mange [du / de la / de] confiture.
3. Vous désirez [de la / de l' / du] thé ?
4. Il boit [de la / du / d'] lait tous les matins.
5. Je mange [de la / du / d'] poisson deux fois par semaine.
6. Il faut [de la / du / des] crème fraîche pour faire ce gâteau ?

13 **Complétez avec les articles partitifs ou *de* / *d'*.**

Qu'est-ce qu'il y a dans le caddie de Sonia ?

Il y a une douzaine (1) .... œufs, beaucoup (2) .... yaourts, un litre (3) .... lait, (4) .... pâtes, (5) .... pain, deux pots (6) .... miel mais il n'y a pas de confiture. Il y a (7) .... mayonnaise mais elle oublié la moutarde. Enfin, il y a (8) .... vinaigre et (9) .... huile d'olive, mais il n'y a pas de soda, parce que Sonia boit seulement (10) .... eau minérale.

TRÈS OU *BEAUCOUP (DE)* ?

14 **Complétez avec *très*, *beaucoup* ou *beaucoup de*.**

1. Juan parle .... lentement, je le comprends .... bien.
2. C'est une .... bonne pâtissière, elle connaît .... recettes.
3. Je mange .... légumes : c'est .... bon pour la santé.
4. En Sicile, le climat est souvent .... chaud, il y a toujours .... soleil.
5. Georges étudie .... cette année. Il est .... stressé.
6. Cette dame est .... élégante et elle a .... charme.
7. Elle est .... fatiguée parce qu'elle s'entraîne .... pour les prochains Jeux Olympiques.

LE PRONOM *EN* (LA QUANTITÉ)

15 **Remplacez les mots soulignés par *en*.**

1. Il mange une orange.
2. Combien de sucre il faut mettre ?
3. Prends des pâtes !
4. Elles mangent trop de gâteaux.
5. Elle veut acheter beaucoup de légumes.

16 **Remettez les mots dans le bon ordre. Attention à la place du pronom *en*.**

1. en / encore / faites / un peu
2. achète / en / n' / pas trop
3. combien ? / en / voulez / vous
4. en / encore / faire / il faut / un
5. achetez / deux / en / kilos

LE PASSÉ COMPOSÉ AVEC *AVOIR*

17 **Écrivez ces phrases au passé composé**

1. Ils visitent la région des lacs.
2. Mathieu découvre les produits du Sud de la France.
3. Je goute les spécialités belges.
4. Vous voyez le magasin au bout de la rue ?
5. Nous offrons des chocolats aux nouveaux clients.
6. Vous avez 15 minutes de préparation.

LA PHRASE NÉGATIVE (2)

18 **Complétez avec *plus*, *jamais*, *rien*.**

1. Je ne bois .... de lait parce que je suis intolérant au lactose.
2. Il y a assez de sodas. N'en achète ....
3. Ce samedi, Marion ne fait ....
4. Mon père ne cuisine .... Il est nul en cuisine.
5. Ne faites .... sans ma permission, compris ?
6. Il n'y a .... de pain. Va chez le boulanger.

19 **Transformez à la forme négative.**

0. Il y a un problème.
   → *Il n'y a pas de problème.*
1. Ils veulent du café.
2. Elle a une frange et porte des lunettes.
3. C'est de la viande de bœuf.
4. Vous prenez du dessert ?
5. Nous préparons des pâtes pour le déjeuner.
6. Ce sont des bijoux anciens.
7. Je veux un tapis dans mon bureau.

20 **Répondez négativement.**

0. Tu veux encore du thé ?
   → *Non, merci, je ne veux plus de thé.*
1. Vous mangez toujours de la viande ?
2. Simon fait encore des fautes de grammaire ?
3. Je vais au marché. Tu veux quelque chose ?
4. Vous prenez encore du poisson ?
5. Wendy pose toujours des questions embarrassantes ?
6. Il reste quelque chose à faire ?

IL FAUT

21 **Associez les éléments pour obtenir des phrases correctes.**

1. Il me faut...
2. Il ne faut pas...
3. Il faut...

a. ☐ du sucre.
b. ☐ trois pommes pour le gâteau.
c. ☐ de fromage dans cette recette.
d. ☐ manger trop salé.
e. ☐ prendre le bus, mais le métro pour aller à la gare.
f. ☐ finir nos devoirs de vacances.

C'EST / IL EST (2)

22 **Choisissez l'option correcte. Attention : parfois les deux options sont possibles.**

1. J'aime beaucoup mon prof de physique. [Il est / C'est] très sympa.
2. Tu as 16 ans, [c'est / il est] exact ?
3. [C'est / Il est] interdit de marcher sur la pelouse.
4. Je n'ai pas envie d'aller à l'école à pied, [c'est / il est] trop loin.
5. Léon ? Partir seul en vacances ? Non, [c'est / il est] impossible, [c'est / il est] trop jeune.
6. Ce film ? [C'est / Il est] super, va le voir.

23 **Complétez avec *c'est* ou avec *il est / elle est / ils sont / elles sont*.**

1. .... formidable, le dernier album de Paul McCartney.
2. .... trop cuite, cette viande.
3. .... important de suivre attentivement ces instructions.
4. Ces touristes ? .... américains.
5. Tu vois le petit garçon là-bas ? .... très intelligent.
6. Les vacances, ... super !
7. Ses sœurs ? .... vraiment gentilles.
8. .... incroyable, ce que tu racontes !

LES VERBES *DEVOIR, POUVOIR, SAVOIR, VOULOIR*

24 **Conjuguez les verbes entre parenthèses au présent de l'indicatif.**

1. Vous .... [pouvoir] m'aider ?
2. Je .... [ne plus vouloir] parler de ça.
3. Tu .... [savoir] préparer un soufflé ?
4. Nous .... [devoir] nous lever tôt, demain.
5. Ils .... [vouloir] toujours avoir raison.
6. Elles .... [ne pas savoir] faire cuire un œuf !

Communication

DEMANDER ET DIRE LE PRIX / FAIRE DES ACHATS

25 Répondez vrai (V) ou faux (F). Puis corrigez les affirmations fausses.

1. Si je paie en espèces, j'utilise des billets et des pièces. V F
2. Quand je dis « Combien je vous dois ? », je demande le prix d'un produit. V F
3. Le chèque est un moyen de paiement. V F
4. Si je dis « C'est donné ! », je dis qu'un produit est gratuit. V F
5. Un commerçant me rend la monnaie quand il a trop de pièces et peu de billets. V F

26 Trouvez deux expressions différentes pour chaque situation.

1. Dire comment tu veux payer. a. .... b.	4. Dire le prix d'un produit. a. .... b. ....
2. Demander au client s'il veut encore quelque chose. a. .... b.	5. Exprimer un jugement positif sur le prix. a. .... b. ....
3. Demander le prix d'un produit. a. .... b.	6. Critiquer le prix. a. .... b. ....

27 Complétez les mini-dialogues (plusieurs réponses possibles).

Cliente (1) .... de ces pêches ?
Vendeur (2) .... à 4 € 40.
Cliente (3) .... ! J'en prends seulement un kilo. Voilà un billet de 20 €.
Vendeur (4) .... , s'il vous plaît ?
Cliente Non, désolé. Je n'en ai pas.
Vendeur Ce n'est pas grave. (5) .... Au revoir.

Vendeuse (6) .... ?
Client Oui merci. (7) .... un cahier et un bâton de colle.
Vendeuse (8) .... ?
Client Oui, (9) .... un stylo rouge. (10) .... ?
Vendeuse (11) .... 3 € 20.
Client Voilà. Au revoir.

28 Écrivez le dialogue en suivant le canevas.

- Tu vas dans un magasin de ton choix.
- Tu dois acheter trois produits.
- Un produit est trop cher.
- Tu en choisis un autre.
- Le/La commerçant(e) accepte seulement les espèces.
- Tu as deux billets de 20 €.

29 **Vers le DELF** **Observez les images et écrivez les dialogues entre un(e) client(e) et un(e) commerçant(e).**

1

2

30 **Sandra doit acheter les ingrédients cochés (✓). Écrivez le dialogue avec le/la commerçant(e). Sandra a un billet de 50 euros.**

• *Bonjour mademoiselle, est-ce que je peux vous aider ? ...*

Gaufres (recette de tante Odile)

✓ 250 g de farine
✓ 1 cuillère à café de sel
4 œufs
75 g de beurre
✓ 1 sachet de levure
150 ml de lait
150 ml d'eau
✓ 60 g de sucre
✓ confiture de fraise comme garniture

EXPLIQUER UNE RECETTE DE CUISINE

31 **Vous avez invité trois amis à dîner et vous avez décidé de préparer une pizza. Alice a horreur du poisson et des fruits de mer, Benji est intolérant au lactose et Chloé n'aime pas les câpres. Complétez la liste des ingrédients et écrivez la recette.**

INGRÉDIENTS

Pour la pâte à pizza :
› 500 g de farine
› 300 ml d'eau tiède
› une cuillère d'huile d'olive (35 ml)
› une pincée de sel (10 g)
› 5 g de levure

Pour la garniture :
....
....
....
....
....
....
....
....
....
....
....

32 ▶ 114 **DICTÉE** **Écoutez et écrivez.**

Tout le monde s'amuse

1 **Lisez l'intrigue du spectacle *Alice au pays des chats* et répondez.**

Alice est une jeune fille peu ordinaire. Juste avant Noël, elle voit un drôle de chat blanc qui répète « je suis en r'tard, en r'tard, en retaaaard pour le bal ! ». Sans hésiter, Alice décide de suivre cet étrange animal à travers les ruelles de Paris. Et la voilà aspirée par une bouche d'égout et projetée dans un monde fantastique et coloré. Dans cet univers mystérieux, Alice va vivre des expériences extraordinaires accompagnée de toute une galerie de personnages.

Adapté de www.patinoirecolmar.fr

1. Où et quand se déroule l'histoire ?
2. Comment s'appelle la protagoniste ?
3. Qui est-ce qu'elle rencontre ?
4. Que fait-elle après cette rencontre ?
5. Qu'est-ce qu'elle découvre ensuite ?
6. Est-ce qu'elle et son ami sont les seuls personnages du spectacle ?

2 ▶ 115 **Vers le DELF** **Écoutez et cochez ce qu'on peut faire à Lille pendant le week-end.**

1. ☐ assister à un concert
2. ☐ participer à un festival de cinéma
3. ☐ assister à un ballet
4. ☐ assister à un spectacle de théâtre
5. ☐ dîner dans des brasseries
6. ☐ écouter une conférence
7. ☐ faire du sport en plein air
8. ☐ participer à une visite guidée
9. ☐ sortir prendre un verre
10. ☐ sortir en soirée
11. ☐ visiter une exposition
12. ☐ visiter un musée

3 **Associez le message au bon support.**

1. ☐ Bonne année et bonne santé !
2. ☐ Coucou Adeline ! Malheureusement, dimanche je ne peux pas venir à la campagne avec vous. Ce sera pour la prochaine fois. Bisous.
3. ☐ Et voilà, mon petit frère est né. Il s'appelle Aaron et c'est le plus beau bébé du monde !!
4. ☐ J'arrive dans 10 minutes.
5. ☐ Joyeux anniversaire, maman.

Mots et expressions

4 Complétez avec les mots proposés.

café • concert • conférence • débats • exposition • musée • pièce • restaurant

1. Mes parents aiment suivre les .... politiques à la télé.
2. Il y a une très belle .... de peinture hollandaise au .... des Beaux-Arts.
3. – Je voudrais aller voir *Notre-Dame de Paris*.
   – La comédie musicale de Cocciante ?
   – Non, la .... de théâtre.
4. Pour l'anniversaire d'Emma, ses amis lui offrent deux billets pour le .... de David Guetta et sa famille l'emmène dîner dans le .... japonais qu'elle préfère.
5. On se voit à 18h00 devant le .... de Flore ? On boit quelque chose et puis on va écouter la .... sur la musique traditionnelle africaine.

5 Écrivez le nom des saisons manquantes, puis classez les fêtes dans la colonne qui convient.

Noël • la fête du Travail • Pâques • Halloween • le jour de l'An
la fête nationale française • l'Épiphanie • la fête de la Musique

....	été	....	....

6 Qu'est-ce que c'est ?

0. C'est une carte postale ....

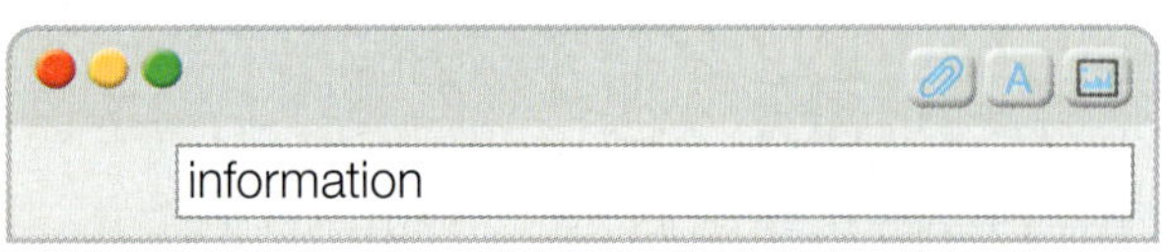

1. C'est ....

2. C'est ....

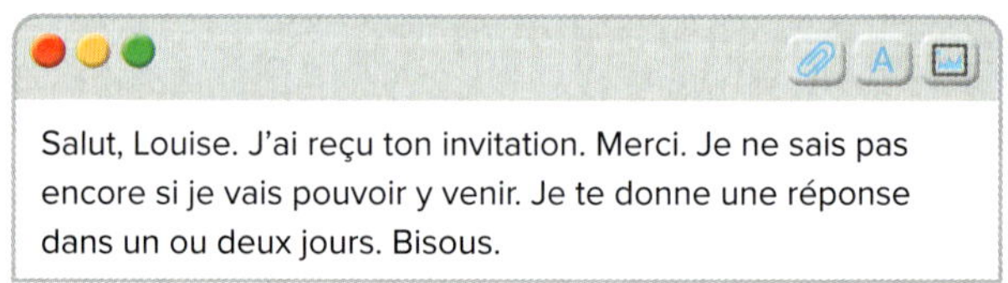

3. C'est ....

4. C'est ....

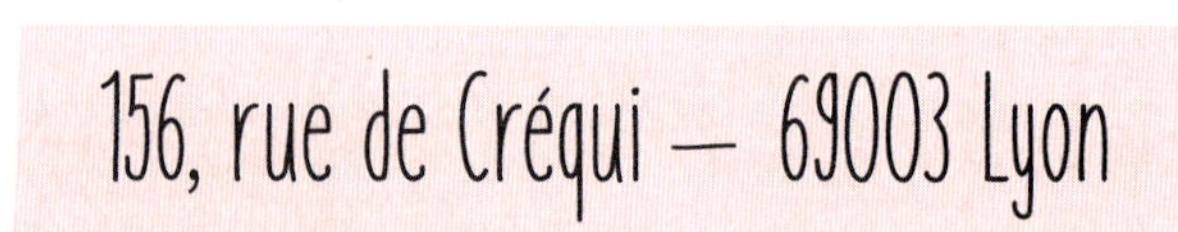

5. C'est ....

6. C'est ....

Grammaire

LE PASSÉ RÉCENT

7 Conjuguez les verbes entre parenthèses au passé récent.

1. Ce n'est pas vrai ! Vous .... [fêter] vos 85 ans ? Vous avez l'air bien plus jeune !
2. Je .... [téléphoner] à mamie. Elle m'a dit qu'elle va très bien.
3. Nos amis .... [partir] en voyage de noces au Japon où il .... [y avoir] un tremblement de terre.
4. Nous .... [voir] *Le Misanthrope* à la Comédie Française. C'est un spectacle formidable !
5. – Papa est là ?
   – Non, il .... [sortir].
6. Quoi ? Tu .... [manger] deux glaces et tu en veux une autre ?

LE PRÉSENT CONTINU

8 Qu'est-ce qu'ils sont en train de faire ?

1. Chloé ....
2. Vous ....
3. Je ....
4. Sophie et Ludovic ....
5. Tu ....
6. Nous ....

LE FUTUR PROCHE

9 Conjuguez les verbes entre parenthèses au futur proche.

1. Vendredi soir on .... [connaître] le gagnant de *La Nouvelle Star*.
2. Tu .... [préparer] un gâteau pour l'anniversaire de Sonia ?
3. Ce week-end je .... [ne pas pouvoir] sortir avec mes amis parce qu'ils .... [rester] chez eux pour réviser.
4. Nous .... [réserver] le restaurant pour 20h30.
5. Est-ce que vous .... [participer] à la Semaine de la mode de Turin cette année ?
6. Quand est-ce qu'elles .... [acheter] les billets pour le spectacle ?
7. Pour la Chandeleur, je .... [faire] des crêpes.

10 Complétez.

1. Dimanche prochain, je .... faire une balade avec mon nouveau vélo.
2. Nous .... arriver et vous voulez déjà partir ? Dommage !
3. Ne dérangez pas papi pendant qu'il .... se reposer.
4. Malheureusement, tu es arrivé trop tard : ton émission télévisée préférée .... se terminer.
5. Silence ! Le haut-parleur de la gare .... annoncer quelque chose et on n'entend rien !
6. Samedi prochain, maman .... fêter son anniversaire.

7. Le réveil .... sonner et moi, je suis déjà de mauvaise humeur !
8. En ce moment, ils .... faire leurs devoirs parce qu'après ils veulent aller à la piscine.
9. Surveillez votre boîte mail : vous .... bientôt recevoir un message important.

LES PRONOMS PERSONNELS COI

11 Complétez avec les pronoms qui correspondent au complément entre parenthèses.

1. On ne peut plus .... [à nos enfants] raconter de mensonges.
2. Mon père .... [à ma mère] offre une rose rouge pour la Saint-Valentin.
3. Tu dois .... [à Sophie] demander son avis avant de décider.
4. Tu .... [à moi] prêtes ton portable, s'il te plaît ? Je dois absolument .... [à mon grand-père] téléphoner.
5. Je .... [à mon frère] dis tout le temps qu'il ne faut pas .... [à ces gens-là] faire confiance.
6. Le guide .... [aux touristes] conseille de visiter le musée d'art contemporain.
7. Passez-............ [à vos copains] les notes du cours d'anglais.
8. Ne .... [à nous] parle pas de cette histoire !

12 Associez les réponses aux questions. Puis complétez les réponses avec les pronoms COI qui conviennent.

1. ☐ Il souhaite un bon anniversaire à sa voisine tous les ans ?
2. ☐ Tu me prêtes ton cahier d'histoire ?
3. ☐ Tu nous conseilles un livre ?
4. ☐ Vous préparez des légumes à vos enfants ?
5. ☐ Vous posez une question au professeur ?
6. ☐ Madame, est-ce que je peux vous parler un moment ?

a. Oui, je .... recommande ce très beau roman d'amour.
b. Oui, nous .... cuisinons surtout des épinards et des haricots verts.
c. Oui et il .... fait toujours un petit cadeau aussi.
d. Non, mais je .... envoie la photo des pages avec la leçon d'aujourd'hui.
e. Maintenant je suis occupée, vous pouvez .... téléphoner ce soir.
f. Oui, nous .... demandons de répéter la règle du féminin.

13 Remplacez les mots soulignés par le pronom COI ou par *à* + pronom tonique.

1. Vous avez demandé à votre mère de préparer des crêpes ?
2. Tu dois faire attention à ces types : ils ont l'air dangereux.
3. Le professeur fait passer un test à ses élèves.
4. Pascal est amoureux d'Évelyne. Il pense à Évelyne tout le temps !
5. Ils s'adressent toujours à ce médecin quand ils ont des problèmes.
6. M. et Mme Junot ne permettent pas à leurs enfants de sortir le soir.

LE PRONOM *Y*

14 Récrivez les phrases en remplaçant les mots soulignés par *y*.

1. J'habite dans cet appartement avec mes parents et ma grand-mère.
2. Le dimanche après-midi, elles ne restent pas souvent à la maison.
3. Mes parents participent tous les ans à un concours de jardinage.
4. Tu tiens beaucoup à ces vieilles photos ?
5. Nous travaillons à la solution du problème depuis une semaine.
6. On n'a pas pensé à réserver et maintenant il n'y a plus de billets disponibles.
7. Tu vas au théâtre samedi ou dimanche ?
8. Vous avez réfléchi à ma proposition ?

LA POSITION DES PRONOMS COMPLÉMENTS

15 **Remettez dans le bon ordre les éléments proposés pour former des phrases.**

1. moi / Écoutez / parle ! / - / je / quand / vous
2. y / le / n' / Il / jamais / dimanche. / va
3. leur / de / parlez / Vous / vos / ne / pas / problèmes ?
4. en / Je / trois. / faire / dois / encore
5. manière ! / parlez / de / lui / pas / cette / Ne
6. peux / Je / pâtes. / des / te / préparer

16 **Insérez les pronoms entre parenthèses.**

0. Je vais appeler demain. [te]
→ *Je vais t'appeler demain.*
1. Nous avons acheté une douzaine. [en]
2. Mes parents ne vont jamais accepter. [le]
3. Elle doit aller. [y]
4. J'entends expliquer sa situation. [la]
5. N'arrêtez pas ! [vous]
6. Regarde ! [les]

17 **Remplacez les mots soulignés par les pronoms qui conviennent.**

0. Elle téléphone à ses grands-parents.
→ *Elle leur téléphone.*
1. Il a pris son livre et il est parti.
2. Le professeur fait venir au tableau tous les élèves.
3. N'envoie pas d'e-mail à mes collègues !
4. Je vais dire à Christine de passer.
5. Le magasin a offert beaucoup de cadeaux.
6. Myriam veut parler de ses difficultés.
7. Vous n'allez pas à la piscine cette semaine ?
8. Offre ces livres à Rachel.
9. Va chez le pâtissier et achète une tarte.
10. Nous venons de terminer notre dernière journée de cours.

LES NOMBRES ORDINAUX

18 **Complétez avec les nombres cardinaux ou ordinaux en toutes lettres.**

1. C'est la .... [1] fois que l'Italie perd un match contre l'Algérie.
2. – Quel prénom tu préfères ? Clio ou Coline ?
– Je dirais le .... [2].
3. Damien s'est classé .... [4] au tournoi d'échecs.
4. La Ferrari franchit la ligne d'arrivée en .... [9] position.
5. Louis .... [14] était surnommé « le roi Soleil ».
6. Notre équipe est .... [5] au classement général.

LES VERBES *ÉCRIRE* ET *VOIR*

19 **Complétez avec le présent des verbes *écrire*, *s'écrire*, *décrire*, *s'inscrire*, *voir*.**

1. Après cette expérience, nous .... les choses différemment.
2. Ils .... à un cours de théâtre.
3. D'ici on .... très bien le mont Blanc.
4. Est-ce qu'elles .... souvent leurs grands-parents ?
5. Je te .... la scène, si tu veux.
6. L'arabe .... de droite à gauche.

20 **TRADUCTION**

1. Jean vient de partir pour Londres. Il y va pour participer à une exposition.
2. Samedi je vais fêter mon seizième anniversaire au restaurant.
3. Nous sommes en train de regarder un film avec Dany Boon et nous vous conseillons de le voir.
4. – Quand est-ce que tu vas acheter les billets ?
– Je peux y aller demain.
5. Ma sœur vient de rentrer du Portugal et elle va y retourner au printemps.
6. Voilà Thomas : il est en train de sortir du cinéma.
7. – Invite-la à prendre un verre !
– Oui, c'est une bonne idée.
8. Nous vous souhaitons de bonnes Pâques.
9. Excusez-moi, je me suis trompé de numéro.

Communication

PRÉSENTER SES VŒUX, SOUHAITS ET FÉLICITATIONS

21 Qu'est-ce que vous dites à...

1. Votre meilleure amie le jour de son anniversaire ?
2. Votre meilleur ami qui a gagné la médaille d'or aux championnats junior de hip-hop ?
3. Votre oncle le 25 décembre ?
4. Votre cousine pour son mariage ?
5. Votre petit(e) ami(e) le 14 février ?
6. Votre professeur(e) qui est malade ?

INVITER ET RÉPONDRE À UNE INVITATION / ÉCRIRE UN MESSAGE AMICAL

22 Acceptez (🙂) ou refusez (☹) ces invitations.

Coucou, Alice. Rendez-vous à 18h00 à la patinoire. N'oublie pas d'apporter tes patins ! 😘 09:06

🙂 1 09:17

Tu es libre demain ? On va au ciné ? Il y a un très beau film au Rialto. 😉 11:32

☹ 2 12:01

Ma puce, tu viens dimanche au musée Grévin avec papi et moi ? 🙂 15:29

☹ 3 15:33

Ça te dirait de fêter mes 15 ans samedi ? J'organise une pizza-party. Dis-moi si tu peux venir. 😍 18:17

🙂 4 18:19

23 Vers le DELF Lisez l'e-mail suivant et écrivez la réponse de Léo, qui est en vacances dans ta ville.

De : Gabriel (gabriel99@gamail.com)
À : Léo (lrochard00@hotmail.fra)
Objet : Coucou de Lyon

Coucou, comment ça va ? Pour nous tout va bien, Lyon est une ville magnifique et il y a plein de choses à faire ! Demain, je vais sûrement beaucoup m'amuser : je viens de m'inscrire avec Chloé à une balade à vélo le long du Rhône et dans le parc de la Tête d'Or. Samedi, maman et moi, on va visiter le musée Miniature et Cinéma. Je sais qu'il y a des effets spéciaux extraordinaires. Papa et Chloé ne viennent pas parce qu'ils préfèrent l'histoire et donc ils vont au musée Gadagne. Moi, l'histoire, c'est pas mon truc. Bref, ici on s'amuse, il fait beau, on mange très bien et l'hôtel est sympa.
Et toi, qu'est-ce que tu es en train de faire ? Qu'est-ce que tu as vu de beau ?
À bientôt,
Gabriel

PARLER AU TÉLÉPHONE

24 **Associez les phrases des deux colonnes.**

1. ☐ Je t'entends très mal !
2. ☐ Ouh là, mon portable n'a presque plus de batterie !
3. ☐ Est-ce que Noah est là ?
4. ☐ J'ai appelé Grégory trois fois et il ne répond pas !
5. ☐ Tu peux me rappeler plus tard ?
6. ☐ Vous avez fait un faux numéro.

a. Attends, je te le passe tout de suite.
b. Il doit avoir mis son portable en silencieux.
c. Le réseau est faible ici.
d. Non, désolée. Je vais t'envoyer un WhatsApp.
e. Oh, excusez-moi.
f. Tiens, prends mon chargeur.

25 **Remettez ces conversations téléphoniques dans le bon ordre.**

1

a. ☐ D'accord, à demain. Bonne soirée.
b. ☐ Je demande aux autres et je t'envoie un texto.
c. ☐ Oh, salut, Nathan. Pas trop, tu sais. Mais demain je vais reprendre les cours.
d. ☐ Oui, oui. C'est où, le rendez-vous ?
e. ☐ Salut, Clément. Ça va ?
f. ☐ Super. On va au théâtre demain, tu te rappelles ?
g. ☐ Allô ?

2

a. ☐ Bonjour, Solène, c'est sa mère à l'appareil.
b. ☐ Merci.
c. ☐ Allô, Mélissa ? C'est Solène.
d. ☐ Attends, je te la passe tout de suite.
e. ☐ Bonjour, Madame Bonnet. Est-ce que Mélissa est là ?

3

a. ☐ Salut, mon cœur ! Je t'entends très mal. Tu es arrivé ?
b. ☐ Oui, je viens d'atterrir à Moscou. Maintenant je vais à l'hôtel. Je te rappelle plus tard.
c. ☐ Allô, maman. Tu m'entends ?
d. ☐ Ok. Bonne journée. Ciao !
e. ☐ Envoie-moi plutôt un message : je ne suis pas à la maison et mon portable n'a presque plus de batterie.

26 **Écrivez un dialogue en suivant le canevas.**

- Mathis téléphone à Vincent mais se trompe de numéro.
- Philippe appelle et invite Vincent à faire une activité ensemble.
- Vincent demande l'heure, le lieu et les autres participants.
- Mathis répond. Vincent dit qu'il va y réfléchir et rappeler.
- Vincent rappelle Mathis sur son téléphone fixe car son portable est éteint.
- La mère de Mathis répond et explique à Vincent pourquoi son fils ne l'a pas rappelé.
- Vincent remercie et salue.

27 ▶ 116 **DICTÉE** **Écoutez et écrivez.**

5·6 Je m'évalue

1 Trouvez l'intrus.

1. baguette • huile • viennoiserie • gâteau
2. lait • sodas • yaourt • beurre
3. citron • courgette • aubergine • poivron
4. poire • framboise • haricot • abricot
5. sel • poivre • huile • moutarde • glace
6. pot • kilo • barquette • boîte

...... / 6

2 Trouvez le nom qui correspond à la définition.

1. On y admire des tableaux, des sculptures.
2. On y achète du pain.
3. On y va pour patiner.
4. On y va pour acheter des cahiers.
5. On y assiste à un match de football.
6. On y achète du poulet, du bœuf.
7. On y vend des journaux.

...... / 7

3 Complétez avec les saisons correspondantes.

1. Noël → ....
2. la fête du Travail → ....
3. la Saint-Valentin → ....
4. Pâques → ....
5. la Saint-Sylvestre → ....
6. la fête de la Musique → ....
7. l'Épiphanie → ....

...... / 7

4 ▶ 117 Écoutez et répondez vrai (V) ou faux (F).

Dialogue 1

1. Adèle propose une sortie à ses amies. V F
2. Florianne et Julie acceptent. V F

Dialogue 2

3. Omar écoute un message sur son répondeur. V F
4. Marine rappelle plus tard. V F

Dialogue 3

5. Zoé vient d'avoir un bébé. V F
6. Dimanche prochain, Mme Canet est occupée. V F

Dialogue 4

7. Il n'y a plus de fraises. V F
8. Les pêches coûtent 3 € 50. V F

...... / 8

5 Complétez avec les gallicismes.

1. Demain, je .... [fêter] mon anniversaire et je .... [inviter] tous mes amis.
2. En ce moment, je .... [réfléchir] à mes vacances ; je .... [terminer] un livre sur la Bretagne qui m'a donné l'envie d'y aller.
3. Ils .... [partir], donc ils .... [ne pas être] à la maison avant midi.
4. Mon frère .... [devenir] papa : ma nièce s'appelle Nina. En ce moment, elle .... [pleurer] parce qu'elle a faim.
5. On .... [ne pas pouvoir] venir avec vous parce qu'en ce moment on .... [travailler] à un projet important.

...... / 10

6 Répondez avec un pronom COI à la place des compléments soulignés.

1. Tu offres un cadeau à tes parents pour Noël ?
2. Tu peux conseiller un livre à mon amie ?
3. Vous venez d'acheter un cadeau à Marc ?
4. Elle répond à mon amie et à moi ?
5. Il téléphone souvent à Léo et à toi ?
6. On laisse assez de temps à ces filles ?

...... / 6

7 Réécrivez les phrases et remplacez les mots soulignés par un pronom COI, *en*, *y* ou avec la préposition *à* + pronom tonique.

1. Il pense à sa fille tous les jours, mais il téléphone à sa fille une fois par semaine.
2. Le soir, racontez de belles histoires à vos enfants ! Ils vont plus volontiers au lit.
3. Tu bois beaucoup d'eau ?
4. Dites à Samuel qu'on vient manger dans son restaurant.
5. Où est-ce que je peux acheter des journaux ?
6. Elle tient à sa tante et elle écrit des mails à sa tante tous les jours.
7. Est-ce que tu prépares à ma sœur et à moi ta célèbre tarte aux framboises ? Cette fois, je ne vais pas renoncer à ta tarte !

...... / 7

8 **Complétez avec *très*, *beaucoup* ou *beaucoup de*.**

1. Vous mangez des barres chocolatées ? Oui, j'en mange ....
2. Dans les distributeurs de l'école, il y a .... sodas.
3. Vous mangez cinq fruits par jour ? C'est .... bien.
4. Je suis .... fière de toi !
5. Ils apprécient .... ma nouvelle recette.

...... / 5

9 **Complétez avec *c'est*, *il / elle est*, *ils / elles sont* à la forme affirmative ou négative.**

1. .... facile de faire des crêpes.
2. Tu vas jouer ta première pièce de théâtre ? Mais, ... génial !
3. Qu'est-ce qu'il a Léo, ce matin ? .... agité.
4. Ta cousine, ... super sympa !
5. La pâte à pizza ? .... compliquée à faire !
6. Passer le DELF .... obligatoire, mais vivement conseillé.
7. Le boulanger de la rue Voltaire ? .... ouvert le dimanche.

...... / 7

10 **Répondez négativement.**

1. Il travaille encore dans ce restaurant ?
2. Il y a quelque chose à manger dans le frigo ?
3. Tu prépares toujours de la soupe pour eux ?
4. Tu as des courses à faire pour le dîner ?
5. Il faut encore ajouter du beurre ?
6. Vous avez quelque chose de frais à boire ?

...... / 6

11 **Transformez à l'impératif.**

1. Tu dois bien écrire les ingrédients !
2. Tu ne dois pas acheter de fromage : il y en a assez.
3. Nous devons prendre du pain : nous n'en avons plus.
4. Vous ne devez pas être gourmands et vous devez laisser quelque chose aux autres !
5. Noémie, tu dois te réveiller.

...... / 5

12 **Complétez avec un article partitif ou avec *de*.**

1. Il y a encore .... eau plate ?
2. Ajoute un peu .... piment dans la sauce.
3. Il y a trop .... ail dans ces pâtes !
4. Ce n'est pas .... lait, c'est .... crème !
5. Je mets .... beurre sur mes biscottes.
6. Il me faut .... champignons pour accompagner ce plat.
7. Ne mets plus .... sel.
8. Comme dessert, il y a .... glace.
9. Ce ne sont pas .... recettes faciles.
10. Il y a assez .... poivrons ?

...... / 10

13 **Écrivez les phrases en remplaçant les mots soulignés par le pronom correspondant.**

1. Tu peux aider <u>papa et moi</u> à couper les légumes ? → ....
2. Ne prends pas <u>ces fruits</u> !
→ ....
3. Je ne téléphone pas <u>à mes beaux-parents</u>.
→ ....
4. Demain, Lise va déjeuner <u>chez sa cousine</u>.
→ ....
5. Nous posons des questions <u>au chef</u>.
→ ....
6. Vous devez imprimer <u>vos billets</u>.
→ ....
7. Achète <u>cette tarte au citron</u> !
→ ....
8. Le matin, il mange deux <u>pommes</u>.
→ ....

...... / 8

14 **Conjuguez les verbes entre parenthèses au présent de l'indicatif.**

1. Allez, il .... [falloir] étudier !
2. Quelqu'un .... [pouvoir] m'aider ?
3. Je .... [vouloir] ce modèle !
4. Ils .... [voir] leur tante à Noël.
5. Vous .... [écrire] très bien !
6. Tu .... [savoir] quand il est né ?
7. On .... [devoir] ajouter du sel.
8. Vous .... [se voir] souvent ?

...... / 8

TOTAL ...... / 100

Phonétique

Les voyelles orales, les voyelles nasales et les semi-voyelles

	son	graphie	exemples
VOYELLES ORALES	[a]	**a** · **à** · **â***	*p**a**p**a** · l**à** · thé**â**tre**
	[e] fermé	**e** + consonne finale muette (sauf t , à l'exception de la conjonction ***et***) **é**	*pi**e**d, rest**e**z, rest**e**r, parl**e**z, l**e**s, **e**t* ***é**cole, c**é**der*
	[ɛ] ouvert	**e** en milieu de syllabe (***devant deux consonnes***) . e(t /***ette***) final **è** · **ê** **ai** · **ei**	*je r**e**ste, hiv**e**r · compl**e**t, c**e**t, c**e**tte* *cr**è**me, tr**è**s ·* *f**ê**te, for**ê**t* *m**ai**son, pl**ai**re · n**ei**ge, s**ei**ze*
	[ə]	**e** dans les monosyllabes **e** en fin de syllabe	*l**e**, d**e**, c**e**, m**e*** *nous p**e**sons, pr**e**mier*
	[i]	**i** · **î** · **ï** · **y**	*l**i**t · **î**le · ma**ï**s · c**y**cle*
	[o] fermé	**o** en fin de syllabe / mot **ô** · **au** · **eau**	*ph**o**t**o** · p**o**t / gr**o**s · r**o**se* *dipl**ô**me · **au**tre · chât**eau***
	[ɔ] ouvert	**o** en milieu de syllabe **au**(l), **au**(r) **u**(m) à la fin des mots latins	*p**o**rt · b**o**nne* *P**au**l · L**au**re* *aquari**u**m*
	[ø] fermé	**eu**, **œu** en fin de syllabe **eu** + [z] / [t]	*f**eu**, j**eu**di, v**œu*** *chant**eu**se · f**eu**tre*
	[œ] ouvert	**eu**, **œu** en milieu de syllabe **œ** en début de mot	*s**eu**l, fl**eu**r, c**œu**r* ***œ**il, **œ**uvre*
	[u]	**ou** · **où** · **oû**	*l**ou**p · **où** · g**oû**t*
	[y]	**u** · **û** **eu** participe passé d'*avoir*	*m**u**r · d**û*** *j'ai **eu***
VOYELLES NASALES	[ɑ̃]	**an** · **am** / **en** · **em** / **aon** **aen** · **ean**	*d**an**se · ch**am**bre / c**en**t · t**em**ps / p**aon** ·* *C**aen** · J**ean***
	[ɛ̃]	**in** · **im** · **yn** · **ym** **ain** · **aim** / **ein** · **eim** (é)**en** **un** · **um****	*qu**in**ze · s**im**ple · s**yn**thèse · s**ym**pa* *p**ain** · f**aim** / pl**ein** · R**eim**s* *lycé**en*** *l**un**di · h**um**ble***
	[ɔ̃]	**on** · **om**	*p**on**t · n**om**bre*
SEMI-VOYELLES	[j]	**i** · **y** + voyelle (a)**il** · (e)**il** · **ill**(e)	*p**i**ed · essu**y**er* *trava**il** · sole**il** · feu**ill**e*
	[w]	**ou** + voyelle **oi** = [wa] · **oin** = [wɛ̃]	***ou**i* *s**oi**r · l**oin***
	[ɥ]	**u** + voyelle	*l**u**i · t**u**er*

- Le voyelle *e* est muette :
  - quand elle se trouve à la fin d'un mot (mais pas dans les monosyllabes).
  - quand elle est suivie d'un *-s* pour le pluriel (*bell**es***) ou dans la terminaison d'un verbe (*tu parl**es** / ils parl**ent***).
  - quand elle se trouve à l'intérieur d'un mot, s'il n'y a pas de groupe de consonnes difficiles à prononcer (*oralement* mais *humblement*).

* En français classique, le â de *théâtre* avait une prononciation plus postérieure [A], mais en français moderne, ce son a tendance à se confondre avec le [a] central.

** En français classique, ***un*** et ***um*** se prononçaient [œ̃], mais en français moderne ce son a tendance à se confondre avec [ɛ̃].

Les consonnes

son	graphie	exemples
[p]	**p** · **pp** · **b**(s)	*père* · *appel* · *absolu*
[b]	**b** · **bb** (rare)	*ballon* · *abbé*
[t]	**t** · **tt** · **th** **d** en cas de *liaison*	*table* · *chatte* · *thé* *prend-il*
[d]	**d** · **dd** · **dh**	*donner* · *addition* · *adhérer*
[k]	**c** + consonne · **c** + **a, o, u** **cc** + consonne · **cc** + **a, o, u** **qu** · **k** · **ch** (mot grec) **x** [ks]	*climat* · *cas* *accrocher* · *accès* · *accuser* *quand* · *kilo* · *orchestre* *axe*
[g]	**g** + consonne · **g** + **a, o, u** **gg** (rare) **gu** + voyelle **ex** + voyelle [gz]	*grand* · *garder* *agglutiner* *guider* *exercice*
[f]	**f** · **ff** · **ph**	*café* · *effort* · *physique*
[v]	**v** · **w**	*venir* · *wagon*
[s]	**s** au début d'un mot **s** + consonne · **ss** (s)**c** + **e, i, y** · (c)**c** + **e, i** **ç** **x** [ks] **x** pour les nombres 6, 10, 60 **t** + **i** + voyelle	*sonner* *poste* · *passer* *scène* · *ceci* · *cylindre* · *succès* *façon* *axe* *six*, *dix*, *soixante* *action*, *patience*
[z]	**s** entre deux voyelles **z** · **zz** (rare) **x** pour les ordinaux 2ᵉ, 6ᵉ, 10ᵉ **x** [gz]	*causer* *zéro* · *mezzanine* *deuxième* *exercice*
[ʃ]	**ch** · **sch** · **sh**	*chat* · *schéma* · *shampooing*
[ʒ]	**j** **g** + **e, i** · **ge** + voyelle	*jeune* *gentil*, *agir* · *Georges*
[m]	**m** · **mm**	*mère* · *commode*
[n]	**n** · **nn**	*nez* · *colonne*
[l]	**l** · **ll**	*lit* · *belle*
[R]	**r** · **rr** · **rh**	*riz* · *terre* · *rhume*
[ɲ]	**gn**	*agneau*
[ŋ]	**ng**	*parking*

- Les consonnes ***d***, ***p***, ***s***, ***t***, ***x*** et ***z***, sont généralement muettes :
  – à la fin d'un mot (*pied*);
  – si elles sont suivies d'un **-*s*** pluriel (*pieds*);
  – si elles sont suivies d'un **-*s*** de terminaison verbale (*tu prends*).

Le *h* ne se prononce jamais. Au début de certains mots, le *h* « aspiré » n'est pas aspiré, mais empêche de faire l'élision et la liaison (*la harpe*, *les / harpes*).

L'accent tonique

1 Maintenant complétez les règles phonétiques.

1. Dans un mot, l'accent tonique se place généralement ....
2. Quand la dernière lettre est un -e(s), l'accent tonique se place ....
3. Dans un groupe de mots liés, l'accent tonique se place ....

2 ▶ 118 Lisez à voix haute, écoutez pour vérifier votre prononciation et répétez.

Amérique • euro • clinique • moto • panorama • pizza • Sarah • super

Les sons [ə] / [e] / [ɛ]

3 ▶ 119 Écoutez et cochez la case qui correspond au son que vous entendez.

	1	2	3	4	5	6	7	8	9	10
son [ə] (e muet) comme dans ***je** suis*										
son [e] (é fermé) comme dans *b**é**b**é***										
son [ɛ] (è ouvert) comme dans *m**è**re*										

4 ▶ 120 Lisez à voix haute, écoutez pour vérifier votre prononciation et répétez.

1. il se lève • il s'élève
2. je répare • je repars
3. le père • les pères
4. épée • épais
5. l'effet • le fait
6. l'école • le col
7. dernier • dernière
8. d'Hélène • de laine
9. j'essaie • je sais
10. debout • des bouts

Les sons [o] / [ɔ]

5 ▶ 121 Écoutez et cochez la case qui correspond au son que vous entendez.

	1	2	3	4	5	6	7	8	9	10
son [o] (o fermé) comme dans *s**o**t*										
son [ɔ] (o ouvert) comme dans *s**o**tte*										

6 ▶ 122 Lisez à voix haute, écoutez pour vérifier votre prononciation et répétez.

1. paume
2. pomme
3. mode
4. Maud
5. cerveau
6. médiocre
7. trop de photos
8. un homme myope
9. J'adore cette robe mauve.
10. Paul contrôle la radio.

Les sons [ø] / [œ]

7 123 **Écoutez et cochez la case qui correspond au son que vous entendez.**

	1	2	3	4	5	6	7	8	9	10
son [ø] (œ fermé) comme dans ***peu***										
son [œ] (œ ouvert) comme dans ***peur***										

8 124 **Lisez à voix haute, écoutez pour vérifier votre prononciation et répétez.**

1. ceux
2. sœur
3. seulement
4. danseuse
5. neveu
6. jeune
7. il pleut
8. elles pleurent
9. J'en veux deux.
10. Il est neuf heures.

Le e caduc ou instable [ə]

9 125 **Éliminez tous les e possibles et lisez à voix haute. Puis écoutez pour vérifier votre prononciation et répétez.**

1. rarement
2. justement
3. calmement
4. généralement
5. humblement
6. un abonnement
7. la propreté
8. J'arriverai demain.
9. Il faut recommencer.
10. Il joue de la contrebasse.

Les accents graphiques

L'ACCENT AIGU

- **L'accent aigu** (´) indique la **prononciation fermée** du *-e* [e] à la fin d'une syllabe :
  - *té-lé-phé-ri-que* • *es-pé-rer* • *ré-flé-chir*
- L'accent aigu reste sur le *-é* final d'un mot suivi du *-e* du féminin et/ou du pluriel *-s* :
  - *fa-ti-gué(e)(s)*

L'ACCENT GRAVE

- On peut utiliser l'accent grave (`) sur ***a***, ***e***, ***u***.
- Parfois, il est utilisé pour distinguer les formes homonymes :
  - *à / a* • *là / la* • *où / ou* • *dès / des*
- L'accent grave indique la prononciation ouverte du *-e* [ɛ] quand il est à la fin d'une syllabe suivie d'une syllabe contenant un *-e* muet [ə] :
  - *frè-re* • *rè-gle-ment* • *ils a-chè-tent*
- On trouve l'orthographe *-ès* à la fin de quelques mots :
  - *très* • *après* • *cyprès* • *succès* • *accès* • *progrès* • *procès.*

L'ACCENT CIRCONFLEXE

- L'accent circonflexe (ˆ) se trouve sur *-a*, *-e*, *-i*, *-o*, *-u* et signale généralement la disparition d'un son (presque toujours un *s*) :
  - *pâtes* (< PASTE) • *tête* (< TESTE) • *île* (< ISLE) • *tôt* (< TOST) • *goût* (< GOUST)
- Parfois, on l'utilise pour distinguer les formes homonymes :
  - *dû / du* • *crû / cru* • *mûr / mur* • *sûr / sur* • *jeûne / jeune* • *nôtre / notre* • *vôtre / votre*

10 126 **Écoutez et écrivez les mots avec les accents nécessaires.**

Annexes

Précis de grammaire et d'orthographe

▸ Le féminin des noms et des adjectifs

RÈGLES	EXEMPLES	EXCEPTIONS ET CAS PARTICULIERS
masculin + e	un voisin allemand → une voisine allemande un client africain → une cliente africaine un ami passionné → une amie passionnée	un paysan → une paysanne Jean → Jeanne un copain → une copine un chat → une chatte long → longue frais → fraîche nul → nulle bas(se), gras(se) épais(se), gros(se)
-e invariable	un élève dynamique → une élève dynamique	
-er → -ère	un boulanger cher → une boulangère chère	
-en → -enne -on → -onne -el → -elle -il → -ille -ot → -otte -et → -ette	un lycéen italien → une lycéenne italienne un champion breton → une championne bretonne réel → réelle pareil → pareille sot → sotte un cadet → une cadette	(in)complet → (in)complète concret → concrète (in)discret → (in)discrète inquiet → inquiète secret → secrète
-x → -se	un époux heureux → une épouse heureuse	doux → douce faux → fausse roux → rousse vieux → vieille
-f → -ve	un sportif actif → une sportive active	bref → brève
-c → -que	un Turc → une Turque public → publique	grec → grecque blanc → blanche sec → sèche
-gu → -guë	ambigu → ambiguë	
-eur → -euse	un voyageur rêveur → une voyageuse rêveuse	meilleur(e), antérieur(e) extérieur(e), inférieur(e) intérieur(e), majeur(e) mineur(e), postérieur(e) supérieur(e), ultérieur(e)
-teur → -trice	un acteur séducteur → une actrice séductrice	serviteur → servante menteur → menteuse
certains féminins atypiques		homme → femme garçon → fille mari → femme père → mère oncle → tante neveu → nièce roi → reine prince → princesse

▶ Le pluriel des noms et des adjectifs

RÈGLES	EXEMPLES	EXCEPTIONS ET CAS PARTICULIERS
singulier + s	un rêve fou → des rêves fous une femme noire → des femmes noires	bijou, genou, chou, joujou, caillou, pou, hibou *prennent un* ***-x*** → bijoux, genoux, choux, joujoux, cailloux, poux, hiboux travail, corail, émail, vitrail *changent* ***-ail*** en ***-aux*** → travaux, coraux, émaux, vitraux
-s, -x, -z invariables	le temps → les temps le prix → les prix le nez → les nez	
-al → -aux	un journal national → des journaux nationaux	bal, carnaval, festival, récital, chacal, natal, fatal, naval, banal *prennent un* ***-s*** → bals, carnavals, festivals, récitals, chacals, natals, fatals, navals, banals idéal → idéals / idéaux
-au → -aux -eau → -eaux -eu → eux	un tuyau → des tuyaux un chapeau → des chapeaux un cheveu → des cheveux	mais : bleu, pneu *prennent un* ***-s*** → bleus, pneus
pluriels irréguliers		œil → yeux; ciel → cieux; tout → tous; monsieur → messieurs; madame → mesdames; mademoiselle → mesdemoiselles

▶ Les pronoms personnels

		SUJET	TONIQUES	RÉFLÉCHIS	COMPLÉMENTS DIRECTS	COMPLÉMENTS INDIRECTS
1e pers. sing.		je / j'	moi	me / m'	me / m'*	me / m'*
2e pers. sing.		tu	toi	te / t'	te / t'**	te / t'**
3e pers. sing.	**masculin**	il	lui	se / s'	le	lui
	féminin	elle	elle	se / s'	la	lui
	indéfini	on	===	se / s'	===	===
1e pers. plur.		nous	nous	nous	nous	nous
2e pers. plur.		vous	vous	vous	vous	vous
3e pers. plur.	**masculin**	ils	eux	se / s'	les	leur
	féminin	elles	elles	se / s'	les	leur

* Ce pronom devient ***moi*** après un impératif affirmatif. *Appelle-moi !*
** Ce pronom devient ***toi*** après un impératif affirmatif. *Dépêche-toi !*

▶ La phrase négative

TEMPS SIMPLES	TEMPS COMPOSÉS	INFINITIF
sujet + *ne / n'* + **verbes** + *pas* *Elle ne vient pas.* *Elle n'arrive pas.*	**sujet** + *ne / n'* + **auxiliaire** + *pas* + **participe passé** *Elle n'est pas venue.*	*ne pas* + **infinitif** *Elle préfère ne pas venir.*

▶ Les adjectifs possessifs

	SINGULIER		PLURIEL
	masculin	féminin	masculin et féminin
1e pers. sing.	mon*	ma	mes
2e pers. sing.	ton*	ta	tes
3e pers. sing.	son*	sa	ses
1e pers. plur.	notre		nos
2e pers. plur.	votre		vos
3e pers. plur.	leur		leurs

* Ces pronoms s'utilisent devant les noms féminins qui commencent par une **voyelle** ou un ***h* muet** : ***mon*** *école*, ***son*** *histoire*.

▶ Les pronoms possessifs

	SINGULIER		PLURIEL	
	masculin	féminin	masculin	féminin
1e pers. sing.	le mien	la mienne	les miens	les miennes
2e pers. sing.	le tien	la tienne	les tiens	les tiennes
3e pers. sing.	le sien	la sienne	les siens	les siennes
1e pers. plur.	le nôtre	la nôtre	les nôtres	
2e pers. plur.	le vôtre	la vôtre	les vôtres	
3e pers. plur.	le leur	la leur	les leurs	

▶ Les adjectifs démonstratifs

	singulier		pluriel
	devant une consonne	devant une voyelle ou un *h* muet	
masculin	ce	cet	ces
féminin	cette		

▶ Les pronoms démonstratifs

	singulier	pluriel
masculin	celui (-ci) / (-là)	ceux (-ci) / (-là)
féminin	celle (-ci) / (-là)	celles (-ci) / (-là)

▶ Les adjectifs interrogatifs

	singulier	pluriel
masculin	quel	quels
féminin	quelle	quelles

▶ Les pronoms interrogatifs variables

	singulier	pluriel
masculin	lequel auquel duquel	lesquels auxquels desquels
féminin	laquelle à laquelle de laquelle	lesquelles auxquelles desquelles

▸ La phrase interrogative

	INTERROGATION TOTALE		INTERROGATION PARTIELLE	
intonation (langue parlée)	sujet + verbe *Il part ?*		***mot interrogatif*** + sujet + verbe *Où il part ?*	
est-ce que (langue standard)	***est-ce que*** + sujet + verbe *Est-ce qu'il part ?*		***mot interrogatif*** + ***est-ce que*** + sujet + verbe *Où est-ce qu'il part ?*	
postposition (langue parlée)	===		sujet + verbe + ***mot interrogatif*** *Il part où ?*	
inversion du sujet (langue formelle)	sujet pronominal	verbe + sujet *Part-il ?*	***mot interrogatif*** + verbe + sujet *Où part-il ?*	
	sujet nominal	nom + verbe + pronom sujet *Paul part-il ?*	inversion simple	***mot interrogatif*** + verbe + nom *Où part Paul ?*
			inversion complexe	***mot interrogatif*** + nom + verbe + pronom sujet *Où Paul part-il ?*

▸ *C'est / Il est*

nom spécifique	C'est Ce sont		*C'est un / mon médecin.* *C'est de la confiture.* *Ce sont les enfants de Mme Dupont.*
profession, nationalité, situation de famille		Il / Elle est Ils / Elles sont	*Il est médecin. / Elle est allemande.* *Elles sont célibataires.*
nom propre	C'est Ce sont		*C'est Henri.* *Ce sont Sarah et Valérie.*
pronom	C'est Ce sont		*C'est lui / celui-là / le mien.* *Ce sont eux / ceux-ci / les siens.*
adverbes de quantité	C'est		*C'est assez / beaucoup / trop.*
adverbes de temps	C'est		*C'est aujourd'hui. / C'était hier.*
		Il est	*Il est tôt. / Il est tard.*
heure		Il est	*Il est quatre heures.*
date	C'est		*C'est mardi. / C'est le 21 janvier.*
adjectifs (invariables) et adverbes se référant à une personne ou une chose spécifique		Il / Elle est Ils / Elles sont	*Cet exercice, il est impossible !* *Apprends cette règle : elle est importante.* *– Où sont les enfants ? – Ils sont ici.* *J'aime ses chansons, elles sont magnifiques.*
adjectifs (invariables) et adverbes se référant à une idée générale	C'est		*Résoudre cette équation ? C'est impossible !* *Avoir des amis, c'est important.* *– C'est ici.* *Versailles, c'est magnifique !*
adjectifs (invariables) suivis de *de* + infinitif ou *que* + phrase		Il est	*Il est possible de visiter le château à partir de 9h.* *Il est possible qu'ils passent par ici.*

▸ Les signes de ponctuation

o / O	minuscule, majuscule	;	le point-virgule
´	un accent aigu	:	deux points
^	un accent circonflexe	?	le point d'interrogation
`	un accent grave	!	le point d'exclamation
¨	un tréma	…	les points de suspension
¸	une cédille	-	le trait d'union, le tiret
'	une apostrophe	« »	(ouvrir / fermer) les guillemets [*m.*]
.	le point (point à la ligne)	( )	(ouvrir / fermer) la parenthèse
,	la virgule		

▸ La division en syllabes

- La division syllabique est essentielle pour la prononciation des voyelles nasales et pour l'utilisation correcte des césures.
- Les groupes formés par consonne + *l* / *r* (*bl*, *cl*, *fl*, *pl*, *dr*, *tr*, etc.) et le groupe *ch*, *dh*, *ph*, *gn* et *th* (qui forment un seul son) sont inséparables :
  vi-bra-tion • *di-plô-me* • *a-che-ter* • *a-dhé-sion* • *phi-lo-so-phie* • *a-gneau* • *ryth-me*
- En présence de trois consonnes consécutives, le mot est généralement divisé après les deux premières lettres (sauf s'il y a une paire de consonnes inséparables) :
  comp-ter • *ins-tal-ler* • *fonc-tion* • *obs-ta-cle* • *com-pren-dre*

- Pour faire des césures à l'écrit, on suit ces règles :

– on ne sépare pas deux voyelles consécutives, sauf en présence d'un préfixe :
dia-mant **MAIS** *anti-allergique*

– on peut couper après *x* et *y* seulement si ces lettres sont suivies de consonnes :
tex-tile • *pay-san* **MAIS** *exa-miner* • *taxi* (indivisibile) • *voya-geur* • *royal* (indivisibile)

– lorsqu'un mot est épelé avec un tiret, il se divise après ce dernier, pour éviter d'autres séparations :
porte-clé (et non *por-te-clés*)

– on ne fait pas de césure avant une syllabe muette :
cou-rageuse ou *coura-geuse* et non *courageu-se*

– dans le cas des consonnes doubles, à l'écrit, on coupe entre les deux (alors qu'à l'oral elles se prononcent en bloc et comme la lettre simple) :
al-lergie, sot-tise, recom-mencer

▸ Le tréma

- Le tréma (¨) se place sur la seconde voyelle qui doit être prononcée séparément :
  maïs • *mosaïque* • *Noël* • *égoïste* • *coïncidence*

ATTENTION ! Dans beaucoup de mots la séparation des voyelles est signalée par un *h* :
cahier • *trahison* • *prohibé*

Tableaux des conjugaisons

INFINITIF	PRÉSENT	PASSÉ COMPOSÉ	IMPÉRATIF
être	je suis tu es il est nous sommes vous êtes ils sont	j'ai été tu as été il a été nous avons été vous avez été ils ont été	sois ! soyons ! soyez !
avoir	j'ai tu as il a nous avons vous avez ils ont	j'ai eu tu as eu il a eu nous avons eu vous avez eu ils ont eu	aie ! ayons ! ayez !
aimer	j'aime tu aimes il aime nous aimons vous aimez ils aiment	j'ai aimé tu as aimé il a aimé nous avons aimé vous avez aimé ils ont aimé	aime ! aimons ! aimez !
se trouver	je me trouve tu te trouves il se trouve nous nous trouvons vous vous trouvez ils se trouvent	je me suis trouvé tu t'es trouvé il s'est trouvé nous nous sommes trouvés vous vous êtes trouvés ils se sont trouvés	trouve-toi ! trouvons-nous ! trouvez-vous !
finir	je finis tu finis il finit nous finissons vous finissez ils finissent	j'ai fini tu as fini il a fini nous avons fini vous avez fini ils ont fini	finis ! finissons ! finissez !
accueillir *-illir*	j'accueille tu accueilles il accueille nous accueillons vous accueillez ils accueillent	j'ai accueilli tu as accueilli il a accueilli nous avons accueilli vous avez accueilli ils ont accueilli	accueille ! accueillons ! accueillez !
acheter *-eter*	j'achète tu achètes il achète nous achetons vous achetez ils achètent	j'ai acheté tu as acheté il a acheté nous avons acheté vous avez acheté ils ont acheté	achète ! achetons ! achetez !
aller	je vais tu vas il va nous allons vous allez ils vont	je suis allé tu es allé il est allé nous sommes allés vous êtes allés ils sont allés	va ! allons ! allez !
appeler *-eler*	j'appelle tu appelles il appelle nous appelons vous appelez ils appellent	j'ai appelé tu as appelé il a appelé nous avons appelé vous avez appelé ils ont appelé	appelle ! appelons ! appelez !

INFINITIF	PRÉSENT	PASSÉ COMPOSÉ	IMPÉRATIF
boire	je bois tu bois il boit nous buvons vous buvez ils boivent	j'ai bu tu as bu il a bu nous avons bu vous avez bu ils ont bu	bois ! buvons ! buvez !
commencer ***-cer***	je commence tu commences il commence nous commençons vous commencez ils commencent	j'ai commencé tu as commencé il a commencé nous avons commencé vous avez commencé ils ont commencé	commence ! commençons ! commencez !
connaître ***-aître***	je connais tu connais il connaît nous connaissons vous connaissez ils connaissent	j'ai connu tu as connu il a connu nous avons connu vous avez connu ils ont connu	connais ! connaissons ! connaissez !
devoir	je dois tu dois il doit nous devons vous devez ils doivent	j'ai dû tu as dû il a dû nous avons dû vous avez dû ils ont dû	=== === ===
dire	je dis tu dis il dit nous disons vous dites ils disent	j'ai dit tu as dit il a dit nous avons dit vous avez dit ils ont dit	dis ! disons ! dites !
écrire	j'écris tu écris il écrit nous écrivons vous écrivez ils écrivent	j'ai écrit tu as écrit il a écrit nous avons écrit vous avez écrit ils ont écrit	écris ! écrivons ! écrivez !
employer ***-oyer***	j'emploie tu emploies il emploie nous employons vous employez ils emploient	j'ai employé tu as employé il a employé nous avons employé vous avez employé ils ont employé	emploie ! employons ! employez !
s'ennuyer ***-uyer***	je m'ennuie tu t'ennuies il s'ennuie nous nous ennuyons vous vous ennuyez ils s'ennuient	je me suis ennuyé tu t'es ennuyé il s'est ennuyé nous nous sommes ennuyés vous vous êtes ennuyés ils se sont ennuyés	ennuie-toi ! ennuyons-nous ! ennuyez-vous !
essayer ***-ayer***	j'essaie / essaye tu essaies / essayes il essaie / essaye nous essayons vous essayez ils essaient / essayent	j'ai essayé tu as essayé il a essayé nous avons essayé vous avez essayé ils ont essayé	essaie / essaye ! essayons ! essayez !
faire	je fais tu fais il fait nous faisons vous faites ils font	j'ai fait tu as fait il a fait nous avons fait vous avez fait ils ont fait	fais ! faisons ! faites !

INFINITIF	PRÉSENT	PASSÉ COMPOSÉ	IMPÉRATIF
(con)geler ***-eler***	je (con)gèle tu (con)gèles il (con)gèle nous (con)gelons vous (con)gelez ils (con)gèlent	j'ai (con)gelé tu as (con)gelé il a (con)gelé nous avons (con)gelé vous avez (con)gelé ils ont (con)gelé	(con)gèle ! (con)gelons ! (con)gelez !
jeter ***-eter***	je jette tu jettes il jette nous jetons vous jetez ils jettent	j'ai jeté tu as jeté il a jeté nous avons jeté vous avez jeté ils ont jeté	jette ! jetons ! jetez !
se lever ***-e_er***	je me lève tu te lèves il se lève nous nous levons vous vous levez ils se lèvent	je me suis levé tu t'es levé il s'est levé nous nous sommes levés vous vous êtes levés ils se sont levés	lève-toi ! levons-nous ! levez-vous !
lire	je lis tu lis il lit nous lisons vous lisez ils lisent	j'ai lu tu as lu il a lu nous avons lu vous avez lu ils ont lu	lis ! lisons ! lisez !
mentir sentir dormir servir	je mens tu mens il ment nous mentons vous mentez ils mentent	j'ai menti tu as menti il a menti nous avons menti vous avez menti ils ont menti	mens ! mentons ! mentez !
mettre ***et ses composés***	je mets tu mets il met nous mettons vous mettez ils mettent	j'ai mis tu as mis il a mis nous avons mis vous avez mis ils ont mis	mets ! mettons ! mettez !
ouvrir offrir souffrir	j'ouvre tu ouvres il ouvre nous ouvrons vous ouvrez ils ouvrent	j'ai ouvert tu as ouvert il a ouvert nous avons ouvert vous avez ouvert ils ont ouvert	ouvre ! ouvrons ! ouvrez !
pouvoir	je peux tu peux il peut nous pouvons vous pouvez ils peuvent	j'ai pu tu as pu il a pu nous avons pu vous avez pu ils ont pu	=== === ===
préférer ***-é_er***	je préfère tu préfères il préfère nous préférons vous préférez ils préfèrent	j'ai préféré tu as préféré il a préféré nous avons préféré vous avez préféré ils ont préféré	préfère ! préférons ! préférez !
prendre ***et ses composés***	je prends tu prends il prend nous prenons vous prenez ils prennent	j'ai pris tu as pris il a pris nous avons pris vous avez pris ils ont pris	prends ! prenons ! prenez !

INFINITIF	PRÉSENT	PASSÉ COMPOSÉ	IMPÉRATIF
produire ***-uire***	je produis tu produis il produit nous produisons vous produisez ils produisent	j'ai produit tu as produit il a produit nous avons produit vous avez produit ils ont produit	produis ! produisons ! produisez !
recevoir ***-cevoir***	je reçois tu reçois il reçoit nous recevons vous recevez ils reçoivent	j'ai reçu tu as reçu il a reçu nous avons reçu vous avez reçu ils ont reçu	reçois ! recevons ! recevez !
savoir	je sais tu sais il sait nous savons vous savez ils savent	j'ai su tu as su il a su nous avons su vous avez su ils ont su	sache ! sachons ! sachez !
sortir partir	je sors tu sors il sort nous sortons vous sortez ils sortent	je suis sorti tu es sorti il est sorti nous sommes sortis vous êtes sortis ils sont sortis	sors ! sortons ! sortez !
tenir ***et ses composés***	je tiens tu tiens il tient nous tenons vous tenez ils tiennent	j'ai tenu tu as tenu il a tenu nous avons tenu vous avez tenu ils ont tenu	tiens ! tenons ! tenez !
vendre ***-dre***	je vends tu vends il vend nous vendons vous vendez ils vendent	j'ai vendu tu as vendu il a vendu nous avons vendu vous avez vendu ils ont vendu	vends ! vendons ! vendez !
venir ***et ses composés***	je viens tu viens il vient nous venons vous venez ils viennent	je suis venu tu es venu il est venu nous sommes venus vous êtes venus ils sont venus	viens ! venons ! venez !
voir	je vois tu vois il voit nous voyons vous voyez ils voient	j'ai vu tu as vu il a vu nous avons vu vous avez vu ils ont vu	vois ! voyons ! voyez !
vouloir	je veux tu veux il veut nous voulons vous voulez ils veulent	j'ai voulu tu as voulu il a voulu nous avons voulu vous avez voulu ils ont voulu	veuille ! voulons ! veuillez !
voyager ***-ger***	je voyage tu voyages il voyage nous voyageons vous voyagez ils voyagent	j'ai voyagé tu as voyagé il a voyagé nous avons voyagé vous avez voyagé ils ont voyagé	voyage ! voyageons ! voyagez !

Références Iconographiques et textes

Couverture : (hd) Serg_Velusceac/Istock ; **(hm)** jhorrocks/Istock ; **(hg)** bmcent1/Istock ; **(bg)** imagedepot-pro/Istock ; **(mg)** Ostill/Istock ; **(mm)** avid_creative/Istock ; **(md)** Nikada/Istock.

6, 18 (1) Puntostudiofoto Lda/AdobeStock ; **6, 34A (2)** Valérie Macon/Afp ; **6, 50A (3)** deagreez/AdobeStock ; **8, 66bg (4)** Look!/AdobeStock ; **8, 82 (5f)** makistock/AdobeStock ; **8, 82 (5d)** New Africa/AdobeStock ; **8, 98g (6)** lily/AdobeStock ; **10 (a)** Freepik ; **10 (b)** scaliger/AdobeStock ; **10 (c)** sabino.parente/AdobeStock ; **10 (d)** kikabu/AdobeStock ; **10 (e)** Chabe01 ; **10 (f)** Image par Christelle PRIEUR de Pixabay ; **11 (bd)** rea_molko/AdobeStock ; **11 (bg)** Unclesam/AdobeStock ; **14 (8hg)** OLYVIA/AdobeStock ; **14 (8mg)** alekseyvanin/AdobeStock ; **14 (8hd)** ちーぼう/AdobeStock ; **14 (8md)** tentacula/AdobeStock ; **14 (8bd)** Chief Design/AdobeStock ; **14 (8bg)** Daniel Berkmann/AdobeStock ; **16 (hg)** luneWind/AdobeStock ; **19 (md)** dstephens/Istock ; **19 (hd)** Ljupco/Istock ; **19 (hm)** michaeljung/Istock ; **19 (bd)** Ljupco Smokovski/AdobeStock ; **20 (hd)** luismolinero/AdobeStock ; **20 (mm)** Freepik ; **21** Freepik ; **22 (h)** Graphi-Ogre/GeoAltas ; **22 (5.0)** Ekaterina Pokrovsky/AdobeStock ; **22 (5.1)** nyker/AdobeStock ; **22 (5.2)** anniklab/AdobeStock ; **22 (5.3)** majaiva/Istock ; **22 (5.4)** rabbit75_fot/AdobeStock ; **22 (5.5)** Freepik ; **23 (hd)** onairjiw/Istock ; **23 (6,1)** Azaliya (Elya Vatel)/AdobeStock ; **23 (6,2)** charles mercier/AdobeStock ; **23 (6,4)** Freepik ; **23 (6,5)** Farinoza/AdobeStock ; **23 (6,6)** Alexstar/AdobeStock ; **23 (6,7)** Anneke/AdobeStock ; **23 (6,8)** Freepik ; **23 (7.1)** Freepik ; **23 (7.2)** jerome signoret/AdobeStock ; **23 (7.3)** JanSommer/AdobeStock ; **23 (7.4)** bryljaev /123rf ; **23 (7.5)** GVictoria/AdobeStock ; **23 (7.6)** Coprid/AdobeStock ; **23 (6,3)** ValentinValkov/AdobeStock ; **24 (9,1)** LStockStudio/AdobeStock ; **24 (9,2)** sepy/AdobeStock ; **24 (9,3)** kegfire/AdobeStock ; **24 (9,4)** auremar/AdobeStock ; **24 (9,5)** MartaKlos/AdobeStock ; **24 (10)** Monkey Business/AdobeStock ; **25** SeventyFour/Istock ; **26** Krakenimages.com/AdobeStock ; **28 (11.1)** miya227/AdobeStock ; **28 (11.2)** kerkezz/AdobeStock ; **28 (11.3)** Drobot Dean/AdobeStock ; **28 (11.4)** matimix/AdobeStock ; **28 (11.5)** tuiphotoengineer/AdobeStock ; **28 (11.6)** bernardbodo/AdobeStock ; **29 (hd)** Cookie Studio/AdobeStock ; **29, 46, 48, 61, 80, 109, 112 (bd)** blackzheep/AdobeStock ; **30 (5,1)** Yuriy Shevtsov/AdobeStock ; **30 (5,2)** Africa Studio/AdobeStock ; **30 (5,3)** Wayhome Studio/AdobeStock ; **31 (6)** Rawpixel.com/AdobeStock ; **31 (8,1)** bychykhin/AdobeStock ; **31 (8,2)** tatomm/AdobeStock ; **31 (8,4)** tatomm/AdobeStock ; **31 (8,3)** moji1980/AdobeStock ; **32 (hg)** Gregory_DUBUS/Istock ; **32 (md)** : ph © Franck Fife/AFP/© Paris2024.org ; **32 (mg)** : Eve Luquet © Adagp, Paris, 2023, Claude Jumelet © Musée de La Poste, Paris / La Poste 2023 ; **32 (bd)** : drmakkoy/Istock ; **33 (hd)** : Yana/AdobeStock ; **33 (md)** : Freepik ; **34 (B)** Institut Lumière ; **34 (C)** Eugene KAMMERMAN/GAMMA-RAPHO ; **34 (D)** Frederic Legrand-Comeo/Shutterstock ; **34 (E)** gcmt / Imaginechina / Imaginechina via AFP ; **34 (F)** Stefanie Rex / dpa-Zentralbild / dpa Picture-Alliance via Afp ; **35 (bd)** Institut Lumière ; **35 (hd)** Clive Brunskill / GETTY IMAGES EUROPE / Getty Images via AFP ; **36 (hg)** fotoduets/AdobeStock ; **36 (hd)** ViDi Studio/AdobeStock ; **37 (hg)** Brad Pict/AdobeStock ; **37 (hmg)** Freepik ; **37 (hmd)** Freepik ; **37 (hd)** Okea/Istock ; **37 (mg)** Freepik ; **37 (mmg)** Freepik ; **37 (mmd)** Freepik ; **37 (md)** DariaChich/AdobeStock ; **37 (bg)** Freepik ; **37 (bmg)** Freepik ; **37 (bmd)** dule964/AdobeStock ; **37 (bd)** design56/AdobeStock ; **37 (3bd)** Evgenia Tiplyashina/AdobeStock ; **38 (hg)** WavebreakmediaMicro/AdobeStock ; **38 (hm)** imagedb.com/AdobeStock ; **38 (hd)** Tyler Olson/AdobeStock ; **38 (hmg)** LIGHTFIELD STUDIOS/AdobeStock ; **38 (hmm)** WavebreakmediaMicro/AdobeStock ; **38 (hmd)** nyul/AdobeStock ; **38 (mg)** DragonImages/AdobeStock ; **38 (mm)** chagin/AdobeStock ; **38 (md)** Pavel Losevsky/AdobeStock ; **38 (bmg)** Andrey Popov/AdobeStock ; **38 (bmm)** igor_kell/AdobeStock ; **38 (bmd)** pressmaster/AdobeStock ; **38 (bg)** Kadmy/AdobeStock ; **38 (bm)** Andrey Popov/AdobeStock ; **38 (bd)** aijohn784/AdobeStock ; **39 (hg)** olly/AdobeStock ; **39 (hm)** Minerva Studio/AdobeStock ; **39 (hd)** Kadmy/AdobeStock ; **39 (4.1)** Vladimir Tarasov /123rf ; **39 (4.2)** Valerii Zan/AdobeStock ; **39 (4.3)** ESLINE/AdobeStock ; **39 (4.4)** chones/AdobeStock ; **39 (4.5)** Freepik ; **39 (4.6)** magdal3na/AdobeStock ; **39 (4.7)** Elnur/AdobeStock ; **39 (4.8)** Ambelrip/AdobeStock ; **39 (5)** Ministère de l'Intérieur ©IN Groupe (Agence nationale des titres sécurisés) ; **40 (bd)** inerva Studio/AdobeStock ; **40 (mm)** Freepik ; **45 (bd)** Wayhome Studio/AdobeStock ; **46 (md)** stockyimages/AdobeStock ; **47 (7d)** Christian Bertrand/Shutterstock ; **47 (7g)** Andrea Raffin/Shutterstock ; **47 (7md)** thomas Samson/Afp ; **47 (7mg)** Pierre Verdy/Afp ; **47 (8m)** Markus Wissmann/Shutterstock ; **49 (5.1)** design56/AdobeStock ; **49 (5.2)** Freepik ; **49 (5.3)** Jose Carlos Romero Oreja/123rf ; **49 (5.4)** Natika/AdobeStock ; **49 (5.5)** tarasov_vl/AdobeStock ; **49 (5.6)** Freepik ; **49 (5.7)** dule964/AdobeStock ; **49 (5.8)** Freepik ; **49 (5.9)** borisyankov/Istock ; **49 (5.10)** Freepik ; **49 (5.11)** Dmitrii Bereznev/Istock ; **49 (5.0)** ange1011/AdobeStock ; **50 (B)** shapecharge/Istock ; **50 (C)** anatoliycherkas/AdobeStock ; **50 (D)** ViDi Studio/AdobeStock ; **51 (hd)** Alex/AdobeStock ; **51 (bd)** " Le Petit Spirou ", 2017, réal. Nicolas Bary avec Sacha Pinault, Collection Christophel © Les films du cap / Les partenaires ; **53 (hmd)** stockyimages/AdobeStock ; **53 (hg)** Hugo Félix/AdobeStock ; **53 (hmg, hm)** Djomas/AdobeStock ; **53 (hd)** kimberrywood/Istock ; **54 (2.1)** Cookie Studio/AdobeStock ; **54 (2.2)** olly/AdobeStock ; **54 (3.1)** Freepik ; **54 (3.2)** luismolinero/AdobeStock ; **54 (3.3)** asem arab/AdobeStock ; **55** Freepik ; **58 (bd)** Ralf Geithe/AdobeStock ; **59 (bd)** deagreez/AdobeStock ; **62 (bd)** Piotr Marcinski/AdobeStock ; **62 (4hg)** Alliance/AdobeStock ; **62 (4hmg)** Ljupco Smokovski/AdobeStock ; **62 (4hm)** Piotr Marcinski/AdobeStock ; **62 (4hmd)** sharplaninac/AdobeStock ; **62 (4hd)** sharplaninac/AdobeStock ; **63 (9g)** " Le prince oublié ", 2020 de Michel Hazanavicius affiche française Omar Sy, Berenice Bejo, François Damiens, Sarah Gaye. Collection Chirstophel © Pathe / Prelude Pictures / StudioCanal / TF1 Films Production / Photo Roger Arpajou ; **63 (9m)** " Mon bébé " 2019, réal. Lisa Azuelos avec Sandrine Kiberlain, Thais Alessandrin, Patrick Chesnais Yvan Attal. Collection Christophel © Love is in the Air / Pathe Films ; **63 (9d)** « Juste la fin du monde », 2016, réal. Xavier Dolan. Collection Christophel © Sons of manual / Diaphana films ; **64 (hd)** : AlexSava/Istock ; **64 (mg)** : Unaihuiziphotography/Istock ; **64 (b)** : Fran/AdobeStock ; **65 (hd)** : Marc/AdobeStock ; **65 (mg)** : Perseomed/Istock ; **65 (hg)** Leonid Andronov/Shutterstock ; **65 (bd)** le Korrigan ; **65 (hhg)** ducu59us/Shutterstock ; **65 (hhm)** "PLM - Carnaval de Nice 1898" Illustrée par Édouard John Menta, 1898, Chromolithographie Berger - Levrault et Cie, Nancy, France/Archives départementales ; **65 (hhd)** patricia m ; **65 (hbm)** hadeev/AdobeStock ; **67 (hd)** yrafoto/AdobeStock ; **67 (bd)** eyetronic/AdobeStock ; **68 (mm)** MicheleBoiero/AdobeStock ; **68 (hd)** FatCamera/Istock ; **69 (1)** nenadaksic/AdobeStock ; **69 (2)** Freepik ; **69 (3)** Maridav/AdobeStock ; **69 (4)** Freepik ; **69 (5)** deagreez/AdobeStock ; **69 (6)** Freepik ; **69 (7)** Drobot Dean/AdobeStock ; **69 (8)** Syda Productions/AdobeStock ; **69 (9)** Africa Studio/AdobeStock ; **69 (10)** 88studio/AdobeStock ; **69 (11)** davit85/AdobeStock ; **69 (12)** luckybusiness/AdobeStock ; **69 (13)** LumineImages/AdobeStock ; **69 (14)** Xalanx/AdobeStock ; **69 (15)** Monkey Business/AdobeStock ; **69 (16)** Freepik ; **69 (17)** Monkey Business/AdobeStock ; **69 (18)** Andrey Popov/AdobeStock ; **70 (bd)** BlueSkyImages/AdobeStock ; **71 (1)** gstockstudio/AdobeStock ; **71 (2)** goodluz/AdobeStock ; **71 (3)** alim/AdobeStock ; **71 (4)** Vasyl/AdobeStock ; **71 (5)** Pixel-Shot/AdobeStock ; **71 (6)** Africa Studio/AdobeStock ; **71 (7)** oatawa/Istock ; **71 (8)** Mkorobsky/AdobeStock ; **71 (9)** Freepik ; **71 (10)** Flamingo Images/AdobeStock ; **71 (11)** Freepik ; **71 (12)** Africa Studio/AdobeStock ; **71 (13)** baranq/AdobeStock ; **71 (14)** Melinda Nagy/AdobeStock ; **71 (15)** andrii kobryn/AdobeStock ; **71 (16)** Africa Studio/AdobeStock ; **71 (bd)** olly/AdobeStock ; **72 (4.1)** annet999/AdobeStock ; **72 (4.2)** svetavo/AdobeStock ; **72 (4.3)** LIGHTFIELD STUDIOS/AdobeStock ; **72 (4.4)** Gena/AdobeStock ; **73 (md)** Alexstar/AdobeStock ; **76 (hd)** Mistervlad/AdobeStock ; **76 (bd)** OSTILL/Istock ; **77 (bd)** faraktinov/AdobeStock ; **78** serhiibobyk/AdobeStock ; **82 (2.1)** New Africa/AdobeStock ; **82 (2.2)** Freepik ; **82 (2.3)** Julián Rovagnati/AdobeStock ; **82 (2.4)** Brad Pict/AdobeStock ; **82 (2.5)** PicturePartners/Istock ; **82 (2.6)** beats/AdobeStock ; **82 (2.7)** asierromero/AdobeStock ; **82 (2.8)** Freepik ; **82 (2.9)** mimadeo/AdobeStock ; **82 (2.10)** Freepik ; **82 (2.11)** Freepik ; **82 (2.12)** Mediagfx/AdobeStock ; **82 (2.13)** Freepik ; **82 (2.14)** TrudiDesign/AdobeStock ; **82 (2.15)** Anatoliy Sadovskiy/AdobeStock ; **83 (b)** Piman Khrutmuang/AdobeStock ; **84** GoldenEyesL.A./AdobeStock ; **85** Freepik ; **85 (hbg)** nevodka.com/AdobeStock ; **85 (bbm)** tarasov_vl/AdobeStock ; **85 (bhm)** ALF photo/AdobeStock ; **85 (bbd)** evgenyb/123rf ; **85 (hhd5)** Anna Sedneva/AdobeStock ; **85 (hm)** TrudiDesign/AdobeStock ; **86 (hg)** nito/AdobeStock ; **86 (hd)** AlenKadr/AdobeStock ; **86 (mg)** majaan/AdobeStock ; **86 (mm)** Mushy/AdobeStock ; **86 (md)** Freepik ; **86 (bg)** Fotofermer/AdobeStock ; **86 (bm)** ampFotoStudio.com/AdobeStock ; **86 (bd)** Production Perig/AdobeStock ; **87 (hd)** mast3r/AdobeStock ; **87 (mg)** Africa Studio/AdobeStock ; **87 (mm)** contrastwerkstatt/AdobeStock ; **87 (bm)** laurencesoulez/AdobeStock ; **87 (bd)** JackF/AdobeStock ; **87 (bg)** neydt/123rf ; **87 (md)** Maria Sbytova/AdobeStock ; **88** wavebreakmediamicro/AdobeStock ; **89** Alliance/AdobeStock ; **90** andriigorulko/AdobeStock ; **92** Marco Mayer/AdobeStock ; **93** Olga Kovalenko/AdobeStock ; **94 (hd)** Africa Studio/AdobeStock ; **95 (7.1)** Syda Productions/AdobeStock ; **95 (7.2)** engkritchaya/AdobeStock ; **95 (7.3)** arska n/AdobeStock ; **95 (7.4)** dubravina/AdobeStock ; **95 (7.5)** Africa Studio/AdobeStock ; **95 (8m)** Jiri Hera/AdobeStock ; **95 (9.1)** Coprid/AdobeStock ; **95 (9.2)** atoss/AdobeStock ; **95 (9.3)** peacorx/AdobeStock ; **95 (9.4)** Morgenstjerne/AdobeStock ; **95 (9.5)** vitals/AdobeStock ; **95 (9.6)** Eskymaks/AdobeStock ; **95 (9.7)** Silkstock/AdobeStock ; **96 (bg)** Highwaystarz-Photography/Istock ; **96 (bd)** : Création de Yacine AIT KACI (YAK) pour les Nations Unies avec ELYX, premier ambassadeur virtuel de l'ONU @ekyxyak ; **97 (hd)** : Ministère de l'agriculture / gaspillagealimentaire.fr ; **98 (m)** olga_lebedeva/AdobeStock ; **98 (bg)** Lanaclipart/Istock ; **99 (h)** M.Dörr & M.Frommherz/AdobeStock ; **99 (bd)** Elena Schweitzer/AdobeStock ; **100** aliasching/AdobeStock ; **101 (hg)** LeArchitecto/AdobeStock ; **101 (hmg)** stokkete/AdobeStock ; **101 (hd)** michaeljung/AdobeStock ; **101 (mg)** Dudarev Mikhail/AdobeStock ; **101 (hmd)** andrys lukowski/AdobeStock ; **101 (mmg)** dsalmo/AdobeStock ; **101 (mmd)** Tijana/AdobeStock ; **101 (md)** Freepik ; **101 (1.1)** stokkete/AdobeStock ; **101 (1.2)** Mirko Vitali/AdobeStock ; **101 (1.3)** Freepik ; **101 (1.4)** smspsy/AdobeStock ; **101 (1.5)** haizon/AdobeStock ; **101 (1.6)** Syda Productions/AdobeStock ; **102 (hm)** art_sonik/AdobeStock ; **102 (md)** Stockgiu/AdobeStock ; **102 (bd)** chandlervid85/AdobeStock ; **103** Kotkoa/AdobeStock ; **108 (2.1)** Cienpies Design/AdobeStock ; **108 (2.2)** L.Bouvier/AdobeStock ; **108 (2.3)** kotoffei/AdobeStock ; **108 (2.4)** littleWhale/AdobeStock ; **108 (bd)** Thiradech/Istock ; **109 (6.1)** Anna Efetova/AdobeStock ; **109 (6.2)** Paul Sérusier, " Le Talisman, l'Aven au Bois d'Amour ", 1888, Musée de Pont-Aven, Musée d'Orsay ; **109 (6.2)** Paul Cézanne, " Pommes et oranges ", 1899, Musée d'Orsay ; **109 (6.2)** Vincent Van Gogh, "La nuit étoilée sur le Rhône", 1888, Musée d'Orsay ; **109 (6.3)** Thaut Images/AdobeStock ; **110 (7.2)** Andy Lidstone/AdobeStock ; **110 (7.2h)** ekavector/Istock ; **110 (8.a)** D'après lesalondelapatisserie.fr ; **110 (8.b)** D'après livreparis.com, SNE et Reed Expositions ; **111 (hd)** dianagrytsku/AdobeStock ; **111 (bd)**

Leika production/AdobeStock ; **113 (8hd)** vitals/AdobeStock ; **113 (8hg)** ALF photo/AdobeStock ; **113 (8hm)** Viktor/AdobeStock ; **113 (8mg)** Valentina R./AdobeStock ; **113 (8mm)** ALF photo/AdobeStock ; **113 (8md)** shutswis/AdobeStock ; **113 (8bg)** Brad Pict/AdobeStock ; **113 (8bd)** nito/AdobeStock ; **113 (8bm)** Joe Gough/AdobeStock ; **114 (e1, 2a)** DenisMArt/AdobeStock ; **114 (e1, 2b)** New Africa/AdobeStock ; **114 (e1, 2c)** Coprid/AdobeStock ; **116 (e2)** New Africa/AdobeStock ; **116 (e2)** © Hatier, 2019 ; **114 (e2,1a)** matimix/Istock ; **114 (e2,1b)** monkeybusinessimages/IStock ; **114 (e2,1c)** emanelda/AdobeStock ; **114 (e2,4a)** Pixel-Shot/AdobeStock ; **114 (e2,4b)** Halfpoint/Istock ; **114 (e2,4c)** chagin/AdobeStock ; **116 (e5,1)** Image par Walter Bichler de Pixabay ; **116 (e5,2)** Image par sofisorgin de Pixabay ; **116 (e5,3)** Image par Walter Bichler de Pixabay ; **116 (e5,4)** Freepik ; **116 (e5,5)** TrudiDesign/AdobeStock ; **117 (e5,3a)** nata777_7/AdobeStock ; **117 (e5,3b)** nata777_7/AdobeStock ; **117 (e5,3c)** nata777_7/AdobeStock ; **117 (e5,3)** martialred/Adobe-Stock ; **119 (e4,5a)** davit85/Istock ; **119 (e4,5b)** cloudmineamsterdam/123rf ; **119 (e4,5c)** JohnnyGreig/Istock ; **122 (1.1)** Jacques-Cartier/bobhilscher/123rf ; **122 (1.2)** JFL Photography/AdobeStock ; **122 (1.3)** Denis Cordier/AdobeStock ; **122 (1.4)** vaclav/AdobeStock ; **122 (1.5)** Takashi Images/AdobeStock © www.atomium.be/ADAGP, Paris 2022 ; **122 (1.6)** Leonid Andronov/AdobeStock ; **125 (bd)** kapona/AdobeStock ; **127 (12hg)** Kurhan/AdobeStock ; **127 (12hd)** Jeanette Dietl/AdobeStock ; **127 (12md)** Мар'ян Філь/AdobeStock ; **127 (12mm)** Cookie Studio/AdobeStock ; **127 (12md)** sonsedskaya/AdobeStock ; **127 (11.h1)** Freepik ; **127 (11.h3)** Freepik ; **127 (11.h4)** Mikael Damkier/AdobeStock ; **127 (11.v1)** Freepik ; **127 (11.v2)** pepifoto/Istock ; **130** contrastwerkstatt/AdobeStock ; **131 (hm)** Gonzalo Arroyo Moreno/Getty Images Europe/Getty Images via AFP ; **131 (hd)** Pascal Le Segretain/Getty Images Europe/Getty Images via AFP ; **132 (4.1)** VRD/AdobeStock ; **132 (4.2)** Image par jawed iqbal de Pixabay ; **132 (4.3)** Qstock/AdobeStock ; **132 (4.4)** PhotoSerg/AdobeStock ; **132 (4.5)** frog/AdobeStock ; **132 (4.6)** Image par Jean van der Meulen de Pixabay ; **132 (5.a)** ndoeljindoel/AdobeStock ; **132 (5.c)** Monkey Business/AdobeStock ; **132 (5.d)** diego cervo/Adobe-Stock ; **132 (5.e)** Andrey Popov/AdobeStock ; **132 (5.b)** François Guillot/Afp ; **132 (6.1)** thodonal/Adobe-Stock ; **132 (6.2)** WavebreakmediaMicro/AdobeStock ; **132 (6.3)** BillionPhotos.com/AdobeStock ; **132 (6.4)** Freepik ; **133 (8)** Félix Tournachon dit Nadar/Hachette Livre ; **136 (bd)** ZoneCreative/AdobeStock ; **137 (hd)** New Africa/AdobeStock ; **137 (bd)** stefwx/AdobeStock ; **137 (md)** Di Studio/AdobeStock ; **137 (bg)** Alessandro Bremec/Nurphoto/Nurphoto via AFP ; **140 (2)** " Le Petit Spirou ", 2017, réal. Nicolas Bary avec Sacha Pinault avec Collection Christophel © Les films du cap / Les partenaires ; **141 (8.1)** ksuksa/AdobeStock ; **141 (8.2)** Freepik ; **141 (8.3)** New Africa/AdobeStock ; **141 (8.4)** Image par Pexels de Pixabay ; **141 (8.5)** New Africa/AdobeStock ; **141 (8.6)** Tatyana Gladskih/AdobeStock ; **142 (hd)** Freepik ; **145 (hd)** Pascal Le Segretain/Getty Images Europe/Getty Images via AFP ; **145 (bd)** deagreez/AdobeStock ; **147 (8h)** Freepik ; **147 (4m)** asife/AdobeStock ; **147 (4b)** Freepik ; **156 (hg)** Freepik ; **157 (4.b)** Serhiy Shullye/AdobeStock ; **157 (4.c)** francesco/AdobeStock ; **157 (4.d)** Freepik ; **157 (4.e)** Image par PublicDomainPictures de Pixabay ; **157 (4.f)** Image par l_hoernchen de Pixabay ; **157 (4.g)** Image par maja7777 de Pixabay ; **157 (4.h)** tashka2000/AdobeStock ; **157 (4.a)** Freepik ; **157 (5.a)** Freepik ; **157 (5.b)** Freepik ; **157 (5.d)** Freepik ; **157 (5.e)** Freepik ; **157 (5.f)** Freepik ; **157 (5.g)** Freepik ; **157 (5.h)** Freepik ; **157 (5.i)** Freepik ; **157 (5.c)** Freepik ; **157 (5.j)** Freepik , **161 (bd)** ZoomTeam/AdobeStock ; **162 (29.2g)** Photobank/AdobeStock ; **162 (29.1d)** davidolkarny/AdobeStock ; **162 (29.2m)** Volodymyr Shevchuk/AdobeStock ; **162 (29.1md)** MINEO Carole/AdobeStock ; **162 (29.2.d)** MINEO Carole/AdobeStock ; **162 (30)** Freepik ; **162 (29.1mg)** Image par Buntysmum de Pixabay ; **162 (29.1m)** Image par No-longer-here de Pixabay ; **162 (29.1g)** Image par PhotoMIX-Company de Pixabay ; **163 (1)** Marina Zlochin/AdobeStock ; **163 (3a)** Lukas Gojda/AdobeStock ; **163 (3a)** New Africa/AdobeStock ; **163 (3c)** maradaisy/AdobeStock ; **163** Spectacle " Alice au pays des cats " mis en scène par le CEPARC, décembre 2018 ; **164 (6)** Delphotostock/AdobeStock ; **168 (hd)** Drobot Dean/AdobeStock.

Notes

Notes

Notes

Notes